REPARACIÓN DE CRÉDITO

La guía definitiva para mejorar su calificación crediticia, saldar deudas, ahorrar dinero y administrar sus finanzas personales de una manera libre de estrés

Tabla de contenido

Introducción

Cuando usted tiene una calificación de crédito más alta, tiene muchas ventajas. Por ejemplo, puede obtener tarjetas de crédito con las mejores recompensas y las tasas más bajas en cualquier préstamo.

Si desea una hipoteca, pero no tiene la mejor calificación de crédito, tendrá que pagar muchos intereses.

Una calificación de crédito es poderosa porque puede aumentar su probabilidad de encontrar un trabajo o incluso ser aceptado como nuevo inquilino porque los propietarios y los empleadores observan su calificación de crédito. En otras palabras, una calificación de crédito es la mejor estimación financiera para revelar qué tan responsable es usted y va a otras áreas de las finanzas.

Una vez que esté al tanto de lo que está en su informe de crédito y cómo afecta su calificación, no tiene otra opción que buscar formas de reparar su crédito. Arreglar el mal crédito no es algo que pueda suceder de la noche a la mañana, pero nuevamente, no tiene que esperar años antes de ver algunos cambios positivos.

No tiene que llevar la carga del mal crédito durante toda su vida. Comience a hacer un cambio hoy leyendo este libro para aprender cómo reparar su tarjeta de crédito, pagar todas sus deudas, ahorrar dinero y administrar todas sus finanzas.

Dentro de este libro, aprenderá los factores que afectan su calificación de crédito y cómo puede solucionarlos. También le enseñaremos por qué necesita pagar todas sus deudas y algunas de las formas en que puede solicitar pagar sus deudas. Si ha estado luchando para aprender cómo ahorrar dinero, o incluso cómo puede administrar sus finanzas, siga leyendo para descubrir los métodos que le permitirán comenzar a ahorrar para su futuro.

Capítulo 1: Aumentar su calificación de crédito

Su calificación de crédito tiene tres números que los prestamistas usan para decidir qué tan probable es que puedan ser pagados a tiempo si le proporcionan una tarjeta de crédito o un préstamo. Este es un factor crítico cuando se trata de su vida financiera. En otras palabras, cuanto más alto sea su calificación de crédito, más probabilidades tendrá de calificar para tarjetas de crédito y préstamos en los términos más favorables, lo que le ahorra algo de dinero.

Si tiene un historial de crédito malo, o está en un estado en el que no quiere que esté, no está solo. Mejorar su calificación de crédito lleva tiempo, pero mientras más pronto comience a solucionar los problemas que lo pueden estar disminuyendo, más rápido aumentará su calificación de crédito. Es posible aumentar su calificación de crédito tomando algunos pasos, como construir un historial de pago de sus facturas a tiempo, pagar deudas y aprovechar las nuevas herramientas que le permitirán agregar facturas de teléfonos celulares y servicios públicos a su calificación de crédito.

Cómo monitorear y aumentar su calificación de crédito

¿Cuándo fue la última vez que revisó su crédito? Si es más de varios meses, debe considerar revisarlo. Si es más de un año, es hora de cambiar la forma en que realiza el seguimiento de su crédito.

Mantener una estrecha vigilancia sobre su crédito le permite comprender la forma en que sus acciones financieras afectan su crédito. Esto también lo ayudará a responder a cualquier cambio inmediato en su calificación y saber cuándo ha obtenido un excelente crédito, y puede calificar para mejores ofertas de tarjetas de crédito con intereses. Alternativamente, aprender cómo cambia su calificación de crédito con el tiempo le brinda la capacidad de administrar su bienestar financiero. Sin embargo, es vital asegurarse de que controla su calificación de crédito sin dañarlo.

Consultas duras y suaves y cómo afectan su crédito

Las solicitudes de crédito, o las consultas sobre la información de su informe de crédito, se clasifican en consultas suaves y duras. Una consulta suave se refiere a cualquier consulta en la que un posible prestamista no esté revisando su crédito. Esto puede ocurrir cuando examine su calificación de crédito. No tema, Las consultas suaves no cambian su calificación de crédito, así que no tenga miedo de verificarlo.

Por otro lado, una solicitud de crédito dura es cuando su crédito se está revisando porque ha solicitado un crédito usando un posible prestamista. Las consultas duras consisten en una cantidad considerable de su calificación de crédito general y tienden a tener el menor efecto a corto plazo. Sin embargo, si tiene muchos de ellos a corto plazo, puede indicar que es un prestatario riesgoso. Esto puede llevar a una calificación de crédito más baja.

Conozca sus diferentes puntuaciones de crédito

Hay dos modelos principales de calificación crediticia que los prestamistas pueden aplicar para comprender el riesgo:

- La calificación FICO
- VantageScore

Aunque cada modelo tiene el mismo informe de crédito, analizan la información de manera diferente. Algunos consumidores pueden verificar una diferencia considerable entre las dos fuentes. La calificación que se aplicará depende del prestamista individual. Sin embargo, la calificación FICO es ampliamente utilizada. Pero VantageScore se usa a menudo para obtener calificaciones de crédito gratuitos que puede obtener en línea.

Tres principales agencias de informes de crédito o empresas buscan datos de consumidores y desarrollan informes de crédito. Luego, las compañías utilizan estos informes de crédito para convertir su historial de crédito en una calificación. Las tres oficinas principales incluyen:

- Experian
- TransUnion
- Equifax

El informe de crédito de cada agencia variará ligeramente porque ciertos prestamistas solo pueden informar a uno, mientras que otros pueden informar a las tres agencias. En otras palabras, tendrá tres calificaciones FICO diferentes, y la calificación aplicada dependerá de la agencia de crédito de la cual el prestamista extraiga su informe. A pesar de esto, no debería haber grandes diferencias entre estas calificaciones.

Servicios de monitoreo de calificación crediticia

Existen diferentes servicios de monitoreo de calificación crediticia a los que puede acceder fácilmente. Usted es elegible para un informe de crédito gratuito cada año de las principales agencias de crédito. Esta fue una enmienda que se realizó en 2003 en la Ley de Informe de Crédito Justo. Los informes anuales gratuitos se pueden solicitar a AnnualCreditReport.com. A pesar de esto, es fundamental que supervise su calificación de crédito más de una vez al año.

El seguimiento continuo de su calificación de crédito le dará la oportunidad de darse cuenta de cualquier error cometido y de cuestionarlo con anticipación. También le proporcionará una mejor comprensión de la forma en que su comportamiento financiero afecta su calificación de crédito en tiempo real, esto le da tiempo para mejorar su calificación de crédito. Mientras su calificación aumenta, notará cuando es alto calificar para una tasa de interés más baja y mejores ofertas de préstamos.

MyFICO.com proporciona un servicio de pago que le permitirá realizar un seguimiento de su calificación de crédito de diferentes agencias de crédito en un término trimestral o mensual. Puede obtener informes de una sola o de las tres agencias y disfrutar de funciones adicionales, como el monitoreo de robos y la resolución de fraudes 24/7, según el tipo de suscripción mensual que seleccione.

Experian también proporcionará un servicio de monitoreo de crédito pagado por una tarifa mensual. Enviarán correos electrónicos a su bandeja de entrada cada vez que haya un cambio en su calificación de crédito, junto con una explicación para que pueda comprender mejor su calificación.

Tarjetas de crédito que le ayudan a rastrear su calificación de crédito

Su tarjeta de crédito puede proporcionarle un servicio gratuito de seguimiento de la calificación de crédito. Esta función es popular para tarjetas de crédito diseñadas para reparar créditos o malos créditos. Pero varios de los principales proveedores de tarjetas de crédito actualmente ofrecen este servicio a todos sus clientes.

Cada programa de monitoreo de crédito tiene sus ventajas. La lista de emisores que tienen monitoreo de crédito en la mayoría de sus tarjetas de crédito incluye Chase, American Express y Capital One.

Si desea evitar las tarifas mensuales, pero aun así estar pendiente del seguimiento de su crédito, puede optar por utilizar los servicios gratuitos de monitoreo de crédito de su tarjeta de crédito más un informe anual detallado de AnnualCreditReport.com. Puede probar los servicios de monitoreo de crédito de MyFICO.com y Experian también, aprovechando su prueba gratuita. Sea cual sea la opción que decida tomar, es importante que permanezca en el círculo cuando maneje su calificación de crédito y los factores que lo afectan, y se dé cuenta de que hacerlo no afectará su calificación de crédito.

Las tres principales agencias de crédito y cómo operan

Las agencias de crédito populares tienen un efecto significativo en todos los consumidores, pero muchas personas no conocen a estas compañías ni cómo funcionan. Entre las tres principales empresas de oficinas de crédito están:

- Experian

- Equifax

- TransUnion

Estas empresas tienen una larga historia en la industria financiera.

¿Qué es una agencia de crédito?

También conocida como agencia de informes crediticios, recopila información financiera sobre los consumidores y combina esta información en un solo informe. Dado que estas oficinas funcionan de manera independiente, el informe de crédito que genera una sola oficina para un individuo podría ser ligeramente diferente de un informe de otra oficina. Aunque hay agencias de crédito más pequeñas, las tres principales sirven a una parte más significativa del mercado.

Las agencias de crédito tienen un modelo de ganancias fascinante. Los prestamistas, bancos y muchas otras compañías comparten una gran cantidad de información sobre sus clientes con agencias de crédito de forma gratuita. Las oficinas de crédito procesan esta información y la ponen a la venta, en forma de un informe de crédito, a diferentes partes que requieren información sobre su historial financiero, y más.

Estos informes de crédito son esenciales para las instituciones financieras porque ayudan a los prestamistas a conocer a personas que serían clientes rentables. Si no tiene un informe de crédito, es posible que su banco no sepa la cantidad de dinero que es seguro prestar o la tasa de interés que se cobra en un préstamo. Para los propietarios, el informe de crédito actúa como un indicador para mostrar si puede pagar la renta, y para los empleadores, un buen informe de crédito es un símbolo de confiabilidad.

Informes de crédito

Su informe de crédito tiene algunos datos financieros del pasado y presente, pero no todos. Un informe de crédito consiste en una lista de sus productos de créditos actuales y pasados, la cantidad de deuda que tiene, y cualquier pago tardío o cualquier problema de pago que haya experimentado en los últimos años. Los problemas graves, como las quiebras y los gravámenes fiscales, también aparecerán en el informe. Sin embargo, su informe de crédito no contendrá su historial de trabajo, estado de empleo, ingresos y alguna información personal como su estado civil.

Calificaciones de crédito

Su calificación de crédito se determina a partir de un cálculo complicado por parte de la agencia de crédito que resume todo lo que se encuentra en su informe de crédito para mostrar la cantidad de riesgo que puede traer a los prestamistas. Una calificación más alta indica que tiene un excelente registro de pagos. Esto implica que su carga de deuda es baja y usted actúa de manera responsable ante los prestamistas, lo que significa que usted es un cliente de bajo riesgo. Por otro lado, una calificación de crédito bajo implica que usted tiende a pagar sus deudas tarde. Si no tiene un historial de crédito o es bastante bajo, tendrá una calificación bajo porque las agencias de crédito tendrán poca información para decidir si usted es de riesgo o no.

No una sola calificación, sino muchas

El desafío con las calificaciones de crédito es que existen diferentes métodos para calcularlos. Por lo tanto, muchas personas tienen diferentes calificaciones de crédito según el tipo de agencia de crédito que proporciona la calificación. Los dos principales modelos de calificación de crédito incluyen VantageScore y FICO, pero cualquiera de estos dos modelos de calificación viene en diferentes formas. Además, ciertos elementos de su historial financiero no pueden tomarse en cuenta para las tres agencias de crédito, lo que puede generar una gran diferencia en las calificaciones de esas entidades.

Obteniendo lo mejor de las agencias de crédito

Es un poco molesto saber que las tres agencias de crédito tienen datos financieros confidenciales. Sin embargo, no existe un método para evitar que los prestamistas y entidades de cobranza compartan su información con las compañías mencionadas anteriormente.

Puede limitar los posibles problemas asociados con las agencias de crédito al evaluar sus informes de crédito cada año y actuar de inmediato en caso de que note algunos errores. También es bueno controlar sus tarjetas de crédito y otros productos de crédito abierto para asegurarse de que nadie esté haciendo un mal uso de las cuentas. Si tiene una tarjeta que no usa con frecuencia, regístrese para recibir alertas en esa tarjeta y recibir una notificación si se produce alguna transacción, y también revise periódicamente los estados de cuenta de sus tarjetas activas. A continuación, si observa signos de fraude o robo, puede optar por congelar su crédito con las tres agencias de crédito y ser diligente en el seguimiento de la actividad de su tarjeta de crédito en el futuro.

Entendiendo y mejorando su calificación de crédito

Si tiene una calificación de crédito malo o si está trabajando para obtener una calificación de crédito, esta sección es adecuada para usted porque lo guiaremos sobre cómo puede construir su calificación de crédito para ayudarlo a llegar a donde quiere, ya sea para mejorar su calificación crediticia desde cero, o la reparación de una que es mala.

Su salud crediticia determina su futuro financiero. En otras palabras, cuando tiene una buena salud crediticia, obtiene acceso a préstamos con una tasa de interés baja, y esto le ahorrará mucho dinero a largo plazo. Por otro lado, una mala calificación de crédito puede limitar sus posibilidades de obtener fondos para comprar un vehículo u obtener las mejores tarifas para una tarjeta de crédito.

El sector crediticio puede ser complicado, e incluso desafiante para comenzar. El primer paso para obtener una calificación de crédito sólido comienza con el aprendizaje de todo sobre su calificación de crédito. Al dominar su calificación de crédito y las cosas que debe hacer para cambiarlo, aprovechará su potencial crediticio y logrará sus objetivos.

Esta sección le enseñará más información sobre su calificación de crédito y lo que puede hacer para mejorarla.

La definición de calificación de crédito

Una calificación de crédito tiene tres números que revelan mucho sobre su informe de crédito, y los prestamistas dependen de esto para definir la salud de su crédito. Un algoritmo determina las puntuaciones de un crédito. Este algoritmo se basa en la información de su informe de crédito. Las calificaciones crediticias se desarrollaron para mostrar las probabilidades que puede alcanzar en su acuerdo de pago.

Existe una idea errónea de que a cada uno se le asigna una calificación de crédito único, al que acceden los prestamistas y las oficinas. Esto no es cierto porque usted puede tener múltiples calificaciones de crédito. Y la razón es que hay muchas agencias de crédito y diferentes estrategias para calcular información y calificaciones de crédito en diferentes momentos. Si no está al tanto, hay más de cien modelos de calificación, pero los modelos más populares incluyen VantageScore y FICO Score.

No tenga miedo de monitorear cada calificación de crédito, pero observe de cerca las calificaciones populares que muchos prestamistas utilizan para determinar si califica para un crédito o no.

Aprenda más sobre su informe de crédito

Un informe de crédito, como sugiere su nombre, contiene datos e información que las agencias de crédito obtienen de los prestamistas. En los Estados Unidos, numerosas agencias de crédito procesan un informe de crédito del consumidor. Pero las principales agencias de crédito que utilizan la mayoría de las empresas y organizaciones financieras incluyen TransUnion, Equifax y Experian.

Los informes de crédito se actualizan de vez en cuando, según su actividad crediticia y la información que comparte con las instituciones financieras y las empresas. Esto consiste en bancos, firmas hipotecarias, firmas de tarjetas de crédito y prestamistas. La información sobre su informe de crédito se puede clasificar en tres categorías:

- Historial de crédito

- Registros públicos y colecciones

- Consultas de crédito

Su informe de crédito también tiene información general que describe más sobre usted. Por ejemplo, su número de seguro social, nombre, fecha de nacimiento y dirección. Algunas de las cosas que su informe de crédito no tiene incluyen:

- Su ocupación, salario y fecha de empleo (incluso si los prestamistas desean conocer esta información para aprobar su préstamo)

- Sus hábitos de gasto diario

Tenga en cuenta que, aunque los prestamistas dependen de la información de su informe de crédito para obtener más información sobre su historial de crédito, existen otros aspectos que no se encuentran en su informe de crédito y que utilizan para tomar una decisión.

De acuerdo con la Ley de informes crediticios justos, tiene el permiso para solicitar su informe crediticio al final del año a cada una de las principales firmas de informes crediticios.

¿Cómo se calcula su calificación de crédito?

Las agencias de crédito tienen millones de datos para procesar las puntuaciones de crédito, pero ¿cómo acceden a estos datos?

Cuando se trata de asuntos relacionados con el crédito, las empresas financieras, como las empresas de tarjetas de crédito y los bancos, tienen un doble deber. Muchas personas se centran en el papel de aprobar el crédito. Sin embargo, esa no es la única responsabilidad que tienen, también envían la información a las agencias de crédito sobre el comportamiento crediticio del consumidor, que luego se agrega a los informes crediticios.

Los acreedores y prestamistas que participan en cualquier transacción tienen que compartir la información sobre su historial de crédito con las agencias. Consiste en información como la cantidad pagada, el saldo de la cuenta y el estado de su cuenta. Una compañía financiera solicita cada vez que se inscribe para obtener un informe de crédito de una agencia de crédito, se adjuntará a su informe de crédito en forma de una "consulta dura".

Las instituciones calificadoras, como VantageScore y FICO, requieren su información crediticia para determinar su calificación crediticia. Tanto Vantage Scores como FICO se extienden entre 300-850 e incluyen cinco aspectos en la fórmula de calificación. Algunos de estos factores incluyen la antigüedad de las cuentas, la utilización del crédito, los tipos de crédito en uso, el historial de pagos y ¿el nuevo crédito.

Factores principales que afectan su calificación de crédito

1. Su historial de pago

El historial de su pago es quizás uno de los factores más importantes que afectan su calificación de crédito porque le indicará a los prestamistas si ha sido disciplinado al hacer pagos a tiempo. Esta es una gran señal para mostrar sus probabilidades de pagar sus deudas futuras. Como resultado, incluso uno o dos pagos pueden afectar profundamente su calificación de crédito.

Docenas de pagos omitidos pueden convertir todo en una "marca despectiva" o "registro negativo" en su informe. Si solo se retrasa entre 30 y 60 días, esto no debería dañar su calificación. Sin embargo, si llega tarde por más de 90 días, el modelo de calificación de crédito interpretará que es probable que lo repita. Esto no es una gran cosa porque puede dañar fácilmente su calificación de crédito.

Pagar las cuentas a tiempo es una de las mejores maneras en que puede solicitar adaptarse y aumentar su calificación de crédito. Piense en implementar un pago automático de facturas o instalar una alerta en línea en sus cuentas para controlar sus facturas y eliminar el riesgo de omitir un pago.

2. Uso de las tarjetas de crédito

Su uso de crédito también se denomina "relación deuda/límite". Esta relación determina el tamaño de todo el límite de su tarjeta de crédito. Un principio ético a seguir es garantizar que su índice de uso de crédito no supere el 30%. Esto significa que cuanto menor sea el uso de la tarjeta de crédito, mejor. Cuando tiene un índice de uso de tarjetas de crédito más alto, reducirá su calificación de crédito y puede hacer que los posibles prestamistas teman que no pueda administrar más deudas.

Existen diferentes métodos utilizados para reducir el índice de uso del crédito, desde pagar una deuda hasta aumentar el límite del crédito.

3. La antigüedad del crédito y el historial de crédito definido

Un largo historial de crédito generalmente cambia la calificación siempre que tenga un historial de pagos oportunos en las cuentas que abre.

Los factores que se consideran incluyen el momento en que se abrieron las cuentas de crédito, el momento en que se abrieron las cuentas específicas y el tiempo transcurrido desde que usó cada cuenta.

Si se asegura de que su tarjeta de crédito más antigua permanezca abierta, puede aumentar su calificación. Sin embargo, si tiene que pagar una tarifa alta, es posible que no mejore su calificación.

Siempre es una buena idea asegurarse de que su primera tarjeta esté abierta. Cerrar la primera tarjeta de crédito puede afectar su historial de crédito y limitar su crédito existente, lo que puede reducir su calificación de crédito.

4. El mix de crédito y el número de cuentas activas

El número de cuentas de crédito activas juega un papel importante en su calificación de crédito. En resumen, un mayor número de cuentas de crédito abiertas se traduce en una mejor calificación de crédito. La razón es que un alto porcentaje de sus cuentas implica que está aprobado para crédito por más prestamistas. Además, la cantidad de cuentas abiertas, la variedad de créditos en las principales clasificaciones y los préstamos a plazos recurrentes y el crédito rotativo pueden aumentar su calificación de crédito.

5. Nuevo crédito y consultas de crédito duro

Cada vez que una persona extrae un informe de crédito, la aseguradora, el prestamista o el arrendador aparecen en el informe de crédito. Hay dos categorías de consulta de crédito:

- **Consultas duras:** Esto suele suceder cuando un prestamista hipotecario financiero, un banco y una compañía de crédito acceden a un informe cuando se registra para obtener crédito. Las consultas duras se generan con permiso a cualquier persona que pueda generar un informe de crédito, y esto se muestra en la calificación de crédito.

- **Consultas blandas:** Esto sucede cuando accede a un informe de crédito, pero no porque está buscando un nuevo crédito. Cuando busca una copia de informe de crédito, se genera una consulta blanda. Los propietarios y los empleadores también pueden enviar una consulta blanda para entregar un presupuesto personalizado.

Es probable que una sola consulta dura cambie la calificación en algunos puntos. Sin embargo, las consultas duras pueden permanecer en el informe de crédito durante aproximadamente dos años, y esto puede destruir su calificación.

¿Por qué? La razón es que los prestamistas que notan que usted tiene muchas consultas recientes pueden asustarse de notar que usted está buscando en diferentes lugares porque no puede ser elegible para el crédito. Las investigaciones indican que los consumidores que abren numerosas cuentas de crédito en un período corto representan un gran riesgo de morosidad, especialmente aquellos que no tienen un historial crediticio establecido desde hace mucho tiempo.

¿Qué se considera una buena calificación de crédito? ¿Qué es una calificación de crédito mala?

Hasta ahora, debe saber que una calificación de crédito es una buena medida de la salud financiera. Demuestra su nivel de confianza a las compañías financieras y puede ayudarlo a determinar cuán costoso y fácil puede ser para usted comprar una casa, un automóvil o incluso alquilar un apartamento. Un buen crédito puede ayudarle a asegurar una fecha.

Por eso, es importante, si es posible, considerar acciones para mejorar su calificación. Sin embargo, los factores que definen un crédito bueno o malo no se entienden ampliamente. Alrededor del 25% de los millennials no entienden lo que es una buena calificación de crédito, esto se basa en la encuesta realizada por LendEdu.

Por lo general, las empresas y los prestamistas definen sus parámetros para medir el modelo que desean usar y lo que compensa una buena calificación para un servicio o producto específico. Una calificación específica no es una garantía de aprobación de crédito o incluso obtiene las tasas más bajas, pero debe enfocarse en una calificación mejor que aumentará la probabilidad de obtener las mejores tasas.

Según las agencias de crédito Experian, tiene varios rangos de calificación, como se muestra a continuación:

Credit Score	Rating	% of People	Impact
300-579	Very Poor	17%	Credit applicants may be required to pay a fee or deposit, and applicants with this rating may not be approved for credit at all.
580-669	Fair	20.20%	Applicants with scores in this range are considered to be subprime borrowers, meaning their credit standing is less than what is normally desired.
670-739	Good	21.50%	Only 8% of applicants in this score range are likely to become seriously delinquent in the future.
740-799	Very Good	18.20%	Applicants with scores here are likely to receive better than average rates from lenders.
800-850	Exceptional	19.90%	Applicants with scores in this range are at the top of the list for the best rates from lenders.

Tenga en cuenta que el porcentaje de consumo en cada uno de los cinco rangos de calificación de crédito es, en promedio, igual y en torno al 20%. Lo que compensa un "buen" crédito comienza con una calificación de crédito de aproximadamente 670. En este nivel de calificación, usted calificará para la aprobación de diferentes tipos de préstamos, esto significa que puede tener una tasa de pago más alta que una persona con un crédito "muy bueno" o "excepcional".

Tomar los pasos correctos para aumentar su calificación puede ayudarlo a ser elegible para un crédito que tiene mejores tasas, y también eliminar los depósitos adicionales que los prestatarios requieren cuando tienen calificación más baja.

En caso de que vea que su calificación no está bien, tómese el tiempo para revisar su informe de crédito para ver si hay algún método que pueda usar para cambiar su calificación de crédito a lo largo del tiempo. Si se da cuenta de que su calificación de crédito es baja debido a información incorrecta, puede considerar la posibilidad de disputar el error.

¿Por qué su calificación de crédito es vital?

En el transcurso de su vida, habrá diferentes momentos en los que las personas y las empresas dependerán de su calificación para ayudarlos a decidir si es un buen candidato para hacer negocios y los tipos de tarifas que merece. Cuando tenga una buena calificación de crédito, le brindará muchas oportunidades y ahorros. A continuación, se enumeran algunas de las cosas que una buena calificación de crédito puede ayudarlo a lograr:

- **Grandes préstamos a través de empresas financieras tradicionales**

Si ha estado buscando una opción de financiamiento de mayor tamaño para su préstamo para pequeñas empresas, su primera parada puede ser un banco. Muchas personas pierden horas para completar el papeleo y recopilar información para la solicitud de préstamo, pero una de las características principales de la información que juega un papel clave en la aprobación o no de un préstamo es su calificación de crédito. Esto significa que, si planea ingresar al mercado para un gran préstamo, querrá asegurarse de que su calificación de crédito esté en buena forma. Una excelente calificación lo ayudará a calificar, y esto puede ayudarlo a obtener las mejores tarifas, lo que puede llevar a miles de ahorros.

- **Tarjetas de crédito**

Incluso cuando tiene una calificación de crédito bajo, aún será fácil recibir una tarjeta de crédito, pero las opciones serán limitadas. Cuando tenga una calificación de crédito más alto, podrá calificar fácilmente para varias tarjetas de crédito que brindan a los clientes bonos de inscripción, ingreso a salas de aeropuertos y muchos más. Comience a desarrollar un sólido historial crediticio de pagos oportunos para que no se pierda algunas de estas mejores recompensas.

- **Financiamiento para automóviles**

Para muchos estadounidenses, comprar un automóvil es uno de los mejores objetivos que pueden lograr en su vida. Y esto se puede realizar cuando tiene una buena calificación de crédito. En otras palabras, las personas con una buena calificación de crédito tienen más posibilidades de obtener las mejores tarifas para un préstamo de automóvil. El objetivo de tener una mejor calificación de crédito antes de ingresar al concesionario de automóviles puede ayudarle a ahorrar miles de dólares en intereses.

- **Préstamos en línea**

Los prestamistas en línea han resultado ser la mejor opción para las firmas financieras tradicionales y son conocidos por usar tecnología y datos para ofrecer préstamos rápidos y tomar una decisión sobre las tasas. Además, simplifican la actividad online. Los prestamistas en línea, como Upgrade, implementan evaluaciones de créditos blandos en caso de que usted sea aprobado previamente para un préstamo personal. Una calificación crediticia sólida puede proporcionarle opciones alternativas y tasas de interés atractivas con los prestamistas en línea.

- **Seguro**

Una calificación de crédito sólida y un registro de crédito saludable pueden ayudarlo a ganar una prima de seguro asequible en comparación con otros que tienen un historial de crédito promedio o deficiente. ¿Por qué? El motivo es que el seguro desea información que pueda ayudarles a determinar el riesgo de un solicitante y la probabilidad de que se atrasen en el pago del seguro. Su calificación de crédito es un medio para verificar el riesgo y crear una póliza y una prima a un costo que esté en línea con el nivel de riesgo que definen. Una buena calificación de crédito puede ayudarlo a obtener la mejor póliza de seguro a una mejor tasa. Y esto le proporcionará a usted y sus seres queridos un poco de tranquilidad.

- **Servicio de telefonía celular**

Una de las primeras cosas que hacen los proveedores de servicios de telefonía celular cuando desean decidir si entregar un servicio celular es confirmar el historial del crédito. Si su calificación de crédito no cumple con sus requisitos, pueden solicitarle que realice un pago inicial, le proporcionen una selección de teléfono más pequeña para elegir y le ofrezcan las mejores tarifas promocionales. Es difícil para muchas personas pensar en la vida sin un teléfono celular, pero no permita que su calificación de crédito lo obstaculice.

- **Las llaves para un apartamento.**

Muchos propietarios tienen que evaluar su crédito antes de poder finalizar el proceso de solicitud de vivienda. Por esa razón, una buena calificación de crédito será ventajosa para otros buscadores de apartamentos en el mercado competitivo.

Cómo puede usted construir su crédito desde cero

Tal vez usted acaba de comenzar su vida, o tal vez haya dejado de usar el crédito. ¿Cuál es el mejor método para construir una buena calificación de crédito si no tiene ninguno en este momento?

Bueno, aquí hay algunas estrategias para probar:

Busque un préstamo con un cosignatario

- **Periodo:** Al menos seis meses de pagos puntuales.

- **Nivel de dificultad:** Depende de su potencial para obtener un gran avalista.

- **¿Quién se beneficia?** Una persona con un cosignatario con alto crédito y lista para firmar.

Esto requiere que se registre para obtener un préstamo, pero busque a otra persona que firme el préstamo para convencer al prestamista de que lo apruebe. Si no tiene ningún crédito, el préstamo se creará en función del historial y el potencial financiero del cofirmante.

Esto puede ir bien si usted es aprobado como cosignatario. Es posible que la persona tenga que estar lista para firmar su préstamo y tener el potencial para calificar. Si no tiene una persona que pueda cumplir con estos requisitos, no será una opción.

Una vez que obtenga el préstamo y realice los pagos anticipados, el prestamista deberá informar su historial de pagos a las agencias de crédito. Esto le permitirá construir una calificación de crédito lentamente.

El inconveniente es que el pago tardío afecta su crédito y la calificación de crédito del cosignatario. En caso de incumplimiento, se le pedirá al cosignatario que pague el préstamo.

El mejor tipo de préstamo para utilizar este método es un préstamo de auto. Los acuerdos de cofirmantes son populares con los préstamos para automóviles, pero con un préstamo a plazos, generará un peso masivo en comparación con las tarjetas de crédito.

Elija un "préstamo para el generador de crédito" - dos o tres

Período: De seis meses a un año.

Nivel de dificultad: Fácil.

¿Quién se beneficia? Una persona que tiene al menos unos pocos cientos de dólares disponibles.

Esto se ha convertido en una tendencia común en los últimos tiempos, y está presente en muchas cooperativas de crédito y bancos. Si no tiene una calificación de crédito, puede elegir un préstamo generador de crédito, que es similar a un préstamo garantizado.

Por ejemplo, supongamos que usted tiene 500 $ y desea depositarlos en una cuenta de ahorros utilizando una cooperativa de crédito. La cooperativa de crédito puede generar una tarjeta de crédito utilizando la línea protegida por una cuenta de ahorros, por alrededor de 500 $.

Mientras usa la línea de crédito y paga sus gastos mensuales, la cooperativa de crédito informará los pagos a las agencias de crédito. Más adelante, construirán una calificación de crédito. Esto puede ser útil para adquirir un segundo o incluso un tercer préstamo de crédito. Esto le ofrecerá múltiples referencias de crédito.

Con la presencia de estos préstamos, un prestamista puede liberar su cuenta de ahorros en caso de que tenga un gran historial de pagos, y la línea de crédito protegida puede quedar sin garantía. Esto hará que se convierta en una tarjeta de crédito tradicional.

Estar autorizado para usar la tarjeta de crédito de otra persona

Periodo: De seis a doce meses.

Nivel de dificultad: Promedio debido a diferentes variables.

¿Quién se beneficia? Personas con poco o ningún crédito.

Este método es como una bolsa mixta. La premisa básica es que el titular de la tarjeta principal lo incluye a usted como persona autorizada para usar la tarjeta. En otras palabras, puede realizar cargos en la tarjeta, pero no es responsable de los pagos.

Esto ayuda a construir una calificación de crédito, pero está sujeto a diferentes aspectos, y algunos no se conocen cuando se realiza el acuerdo:

- Algunos emisores de tarjetas de crédito no revelan la actividad de la cuenta en usuarios autorizados.

- Los modelos de calificación crediticia pueden generar menos peso para el estado de usuario autorizado y, por lo tanto, es posible que no ofrezcan el efecto beneficioso que podría esperar.

- Los arreglos pueden ser útiles en caso de que la cuenta esté en buen estado. En caso de que el usuario principal realice pagos atrasados, o el saldo de la cuenta sea alto, puede afectar su esfuerzo y su calificación de crédito.

- Debido a que no es un titular principal de la tarjeta, es posible que tenga poco control sobre la forma en que administra la cuenta. Esto puede tener éxito si la cuenta está controlada, pero puede hacer daño si no lo está.

Obtenga una tarjeta de crédito para estudiantes

Periodo: De seis a doce meses.

Nivel de dificultad: Bastante simple.

¿Quién se beneficia? Estudiantes y jóvenes adultos con poco o ningún crédito.

Las tarjetas de crédito para estudiantes le permitirán comenzar a construir una calificación de crédito a una edad temprana. La mayoría proporciona servicios asociados, como información sobre cómo controlar y mejorar su crédito.

Una de las tarjetas de crédito estudiantiles más comunes es la tarjeta Discover it Cash Back. Esta tarjeta ofrece 1% de reembolso en efectivo en todas las compras, 5% de reembolso en efectivo en los tipos de compra rotativas y una bonificación anual de 20 $ para mejores calificaciones. La tarjeta no tiene una cuota anual e incluso le ofrece una calificación FICO mensual gratuito.

Optar a una tarjeta de crédito de estudiante puede ser un reto. Si tiene menos de 21 años y desea tener una tarjeta de crédito, deberá saber cómo crear evidencia de ingresos para asegurarse de que califica para la aprobación. Siempre puede ser aprobado con un trabajo a tiempo parcial. También debe tener poco o ningún historial de crédito sin información despectiva. Estas tarjetas no están destinadas a personas con crédito deteriorado.

Pero si no puede obtener un ingreso independiente, tendrá que calificar como usuario autorizado en la tarjeta, con sus padres como los principales titulares.

Cuando obtenga con éxito una tarjeta de crédito para estudiantes, asegúrese de usarla de manera responsable. Esto solo lo ayudará a aumentar su crédito si mantiene un saldo bajo y realiza pagos oportunos. Si se vuelve descuidado y lo usa sin ninguna medida, quizás obtenga un historial de crédito malo. Y esto es algo que no desea experimentar en la vida.

Permitiendo que rentas y utilidades reporten su historial de pagos

Periodo: De seis a doce meses.

Nivel de dificultad: Depende de la estrategia que usted utilice.

¿Quién se beneficia? Individuos sin crédito, o aquellos que tienen mal crédito, pero quieren incluir buenas referencias de crédito.

Tradicionalmente, tanto la renta como los pagos por servicios públicos solían funcionar en su contra cuando se trata de crédito. Ni los propietarios ni las empresas de servicios públicos podrían revelar que usted tiene un buen historial de crédito para las agencias de crédito. Sin embargo, si usted es consciente de que tiene un saldo vencido, se informará a las agencias.

Informes de alquiler: hay varios servicios a los que se puede aplicar para que los pagos de alquiler se incluyan en su informe de crédito. Además, hay métodos únicos sobre cómo sucede esto. Un servicio incluye Experian RentBureau: esto indicará su alquiler como una línea comercial y tendrá en cuenta los pagos de los últimos 25 meses.

El desafío es encontrar un propietario con quien pueda reportar su historial de alquileres al servicio. Hay algunos cargos que debe pagar, lo que puede hacer que el propietario se muestre reacio. Además, si su arrendador no quiere trabajar en conjunto, tendrá que comenzar a hacer los pagos de su alquiler a un servicio de cobro de alquileres, que incluirá un cierto cargo. Hay una gran variedad de agencias de cobro de alquileres, cada una con su propia estructura de tarifas.

Otra opción es Alquiler Kharma. Si bien este no es un servicio de cobro de alquileres, seguirá reportando su historial de pagos a TransUnion. Estos confirman su contrato de arrendamiento y se aseguran de que cada pago se haya realizado a tiempo. También puede registrarse para un cheque de alquiler cancelado durante los últimos 24 meses para ayudar a agilizar el proceso.

Este tipo de servicio solo estará activo si realiza pagos de alquiler oportunos cada vez y cada mes. Afortunadamente, muchos propietarios no reportarán un pago atrasado a menos que persista por más de 30 días.

Encuentre empresas de servicios públicos para informar a las agencias de crédito

En 2015, FICO lanzó un nuevo modelo de calificación que incluía pagos de servicios públicos. Esta comprendía empresas de servicios públicos, así como servicios de Internet y telefonía celular.

Esto se considera un modelo de calificación alternativo y se aplica a las personas que no tienen una calificación de crédito. Si ya tiene mal crédito, este modelo de calificación puede no ser útil.

El otro problema es la ausencia general de aceptación por parte de los acreedores. Solo unos pocos prestamistas aplican el modelo FICO. Los prestamistas hipotecarios y posiblemente los prestamistas de autos podrían aplicarlo con frecuencia, sin embargo, su aplicación entre los emisores de tarjetas de crédito es escasa.

Alternativamente, la presencia de esta opción alternativa no se incluye en las calificaciones tradicionales de FICO.

Posiblemente valga la pena intentarlo, pero si funcionará o no dependerá de su historial de pagos con las empresas de servicios públicos y, lo que es más importante, si un prestamista determinado utiliza esta calificación FICO en particular. Y quizás, si usted es un estudiante o una persona joven que vive con sus padres, no tendrá que pagar el alquiler ni los servicios públicos.

Por esa razón, los servicios públicos y el alquiler tienen un valor mínimo como referencias de crédito en la mayoría de las situaciones, especialmente para los estudiantes.

Registrarse para tarjetas de crédito para personas sin crédito

Periodo: De seis a doce meses.

Nivel de dificultad: Bastante fácil.

¿Quién se beneficia? Personas con al menos 200 $.

Al igual que con los préstamos de generador de crédito, estas son tarjetas protegidas. La mayoría de estas tarjetas son ofrecidas por prestamistas de los que nunca ha oído hablar. Operan del mismo modo que los préstamos para el generador de crédito, pero las líneas de crédito son un poco más pequeñas. La mayoría de ellos tiene una línea de crédito inicial de $ 200, que puede necesitar un depósito de seguridad igual.

Usará las tarjetas y pagará los pagos mensuales, y su historial de pagos se enviará a las agencias de crédito. Esto le permitirá mejorar su calificación de crédito lentamente.

El inconveniente de estas tarjetas es que tienen una tarifa más alta. Por ejemplo, un prestamista puede ofrecer un límite de crédito de 200 $, pero cobrar intereses de 50 $. Esto reducirá su límite de crédito a alrededor de 150 $, lo que no le proporcionará mucho en términos de potencial de gasto.

Estas tarjetas se recomiendan a las personas que no pueden encontrar un cosignatario para un préstamo o que no tienen dinero para un préstamo generador de crédito.

Actualmente, la mejor manera de mejorar su calificación de crédito no es donde usted quiere que sea

Supongamos que ya tiene una calificación de crédito, pero está por debajo de lo que quiere que sea. ¿Cuáles son algunos de los mejores medios para mejorar su calificación de crédito?

Pagando las deudas antiguas

Periodo: Dentro de los 30 días.

Nivel de dificultad: Más fácil si ya tiene los fondos, imposible si no los tiene.

¿Quién se beneficia? Cualquier persona con deudas antiguas o saldos.

Estos pueden formar parte del saldo adeudado en cuentas activas, cancelaciones, deudas antiguas y gravámenes fiscales.

Si tiene cargos pendientes, compensarlos es una de las mejores maneras en que puede cambiar su calificación de crédito. Comience por pagar primero a los más pequeños. Para los saldos grandes, entre en una negociación con el acreedor para aceptar menos de la cantidad completa.

Cualquier pago debe formar parte de un rastro de papel. Esto puede ser un cheque cancelado o incluso una carta de satisfacción del acreedor.

Sin embargo, el pago de un saldo vencido no lo elimina de la lista negativa de su informe de crédito. Sin embargo, una cobranza pagada es a menudo mejor que una no pagada, por lo que todavía irá en la dirección correcta.

Reclame sus errores de crédito

Período: Depende de su historial de crédito.

Nivel de dificultad: Cambia de moderada a más difícil.

¿Quién se beneficia? Cualquier persona con errores en su informe de crédito.

Encuentre una copia de su informe de crédito, una de las tres agencias de crédito principales. Recuerde que es elegible para un informe gratuito al final de doce meses.

Analizar los tres informes de crédito. Si ve algún error, tendrá que ponerse en contacto con el acreedor que informa y obtener la información que necesita. Posiblemente se le pedirá que proporcione documentos para mostrar que la entrada derogatoria es un error. Si logra probar su caso, recibirá una carta del acreedor para confirmar la corrección y asegurarse de que la informen a las tres agencias de crédito.

Esto no es algo fácil de hacer, pero es uno de los métodos más rápidos que puede utilizar para mejorar sus calificaciones de crédito. Cualquier forma de contenido despectivo que elimine aumentará su calificación de crédito.

Sin embargo, es importante que evite ir a un servicio de reparación de crédito porque la reputación de los miembros en ese sector es cuestionable y costosa.

Realice pagos oportunos de todas sus obligaciones a partir de ahora

Periodo: Al menos doce meses, o incluso más.

Nivel de dificultad: Este dependerá de su condición financiera y nivel de compromiso.

¿Quién se beneficia? Todo el mundo.

Esto no solo es obvio, sino que no puede continuar si aún no ha terminado con esto. En otras palabras, a partir de ahora, pague puntualmente todas sus facturas mensuales. Y no solo las facturas mensuales, sino también sus deudas. Cuando hablamos de pagos mensuales, nos referimos a suscripciones, servicios públicos, alquileres, servicios telefónicos y muchos más. Debe desarrollar un hábito de buen crédito.

Vigile su crédito a partir de ahora

Periodo: En curso.

Nivel de dificultad: Es fácil hasta que encuentre un nuevo error.

¿Quién se beneficia? Todos, sin importar el nivel de crédito.

Una vez que haya corregido los errores, es importante que continúe el seguimiento de su crédito. Al igual que la forma en que los errores continúan apareciendo en el pasado, pueden seguir ocurriendo en el futuro. Eso significa que tendrá que permanecer pendiente de este estado. Y eso requiere que haga un seguimiento de su crédito de vez en cuando.

Si se está preguntando cómo puede lograr esto, algunos proveedores de calificación de crédito lo ayudarán. Uno de ellos es Credit Karma. Si no lo sabía, Credit Karma es uno de los generadores de calificación de créditos gratuitos más comunes y conocidos. Credit Karma proporcionará su VantageScore3.0 de Equifax y TransUnion. También brindan detalles sobre los factores de su calificación de crédito que se asemejan a un informe de crédito completo.

Si descubre una caída masiva en su calificación, probablemente se deba a alguna información despectiva que se ha incluido en su informe de crédito. Puede iniciar una disputa si la información es un error. Esto se hace a menudo cuando aparece el error por primera vez para que tenga una memoria nueva y la documentación requerida esté fácilmente disponible.

Pague sus saldos altos de las tarjetas de crédito

Periodo: Dentro de los 30 días.

Nivel de dificultad: Simple si tiene el dinero para hacerlo, pero difícil si no lo tiene.

¿Quién se beneficia? Cualquier persona que tenga un saldo alto de tarjeta de crédito.

¿Recuerda la utilización del crédito? Uno de los medios más fáciles para aumentar su calificación de crédito es reducir su relación y pagar todos sus saldos adeudados. Si puede reducir la relación a 50% desde 80%, mejor será su calificación de crédito.

Aplicar un crédito maravilloso a la mezcla

Período: Depende de su historial de crédito, pero un mínimo de doce meses.

Nivel de dificultad: Depende de su historial de crédito.

¿Quién se beneficia? Todo el mundo.

Si tiene un gran porcentaje de información negativa en su informe de crédito, es posible que tenga que contrarrestarlo aplicando una buena cantidad de buen crédito. Siga el mismo método que usaría si estuviera enfocado en crear calificaciones de crédito desde el principio:

- Pagar facturas a tiempo a partir de este día en adelante.

- Busque un préstamo generador de crédito.

- Obtener un préstamo consignado.

Para mal crédito, el tiempo puede ser su amigo siempre que pague todas sus facturas a tiempo. Una parte de la información crediticia despectiva desaparecerá de su informe después de siete años. Sin embargo, si decide eliminar su mal crédito anterior y establecer un patrón de buen crédito nuevo, su calificación de crédito comenzará a aumentar en menos de siete años.

Pasos fáciles de usar para reparar su crédito y mejorar su calificación de crédito

Reconstruir su crédito no es tan difícil, y aumentar su calificación de crédito no lleva meses necesariamente.

La reparación de su calificación de crédito generalmente puede implicar que califique para un cargo de interés más bajo y mejores condiciones. Esto es cierto independientemente de si desea una buena calificación de crédito para solicitar dinero por razones personales, o puede comprar un inventario y arrendar una instalación para comenzar a hacer crecer su negocio.

El problema es que la reparación de crédito es un poco como hacer crecer su red profesional: solo empieza a pensar en ello cuando es importante. Sin embargo, cuando no tiene buen crédito, se vuelve difícil arreglar la misma situación de la noche a la mañana.

Esa es la razón por la que el momento de comenzar a arreglar su crédito es ahora, antes de que llegue el momento en que realmente lo necesite. Afortunadamente, no es tan difícil mejorar su calificación de crédito. A continuación, se presentan algunos procesos fáciles que puede implementar:

1. Disputar cualquier pago atrasado

Los errores ocurren. Su prestamista hipotecario puede enviar un informe de que cierto pago se retrasó cuando en realidad usted lo pagó a tiempo. Un proveedor de tarjeta de crédito puede ingresar el pago incorrecto.

Se le permite disputar estos pagos, ya sea en cuentas que estén al día o que ya hayan sido cerradas. No es diferente de la forma en que desafía sus marcas despectivas.

Su perfil de pago es un factor importante en su calificación de crédito, por lo que debe permanecer comprometido para limpiar los errores.

2. Elija si también desea jugar a lo que ciertas compañías de reparación de crédito juegan

Hasta ahora, ha aprendido cómo eliminar información incorrecta, pero ¿sabía que también puede decidir disputar información precisa?

Por ejemplo, supongamos que una cuenta se fue a cobro, usted no pagó y la entidad de cobro no se presenta para cobrar. Todo lo que queda es el registro en su informe de crédito. Todavía puede decidir disputar esta entrada, muchos lo hacen. Y hay ocasiones en que se eliminan las entradas.

¿Por qué? El motivo es que una vez que inicie una disputa, la agencia de crédito solicitará al acreedor que confirme la información. Algunos lo harán, pero la mayoría de las agencias de cobranza no. En su lugar, ignoran la solicitud y la agencia tiene que borrar la entrada de su informe de crédito.

En otras palabras, es muy probable que las empresas más pequeñas o los proveedores medianos respondan a las agencias de crédito. Es una tarea que no necesitan. Las empresas de tarjetas de crédito, las empresas de financiamiento de automóviles, los bancos y los prestamistas hipotecarios tienen muchas probabilidades de responder.

Entonces, si lo desea, pero esto no es una recomendación, sino un método que emplean algunas personas, puede seguir adelante y disputar información con la esperanza de que el acreedor no responda. Este es un método que la mayoría de las empresas de reparación de crédito utilizan para mejorar la calificación de crédito de sus clientes. Si el acreedor no responde, se omite la entrada.

Ahora la pregunta es: ¿Debería usted optar por este método? Usted decide.

3. Hacer una petición humilde

Digamos que intentó eliminar el comentario despectivo, la cuenta marcada como "Pagado según lo acordado", pero falló. ¿Debería rendirse ahora? ¿O intentarlo de nuevo?

No se rinda en su lugar puede hacer una petición humilde o incluso preguntar de forma interesada.

Los acreedores tienen la autoridad para permitir que las agencias de crédito eliminen los registros de su informe de crédito en cualquier momento. Entonces, cuando todo lo demás no funciona, llame y haga una petición humilde. Le sorprenderá saber cómo una petición humilde puede ayudarlo.

4. Incremente los límites de su crédito

Otro factor importante que juega un papel clave en su calificación de crédito es el uso de su tarjeta de crédito. Esta relación a menudo provoca un cambio masivo. En general, un saldo grande de más del 50% en su crédito existente afectará negativamente su calificación. Mezclar sus cartas probablemente afectará su calificación.

Un método que puede usar para asegurarse de que tiene una buena proporción es liquidar sus saldos, pero otro método es aumentar el límite de su crédito.

Para aumentar los límites, debe llamar y preguntar cortésmente. Si tiene un buen historial de pagos, la mayoría de las compañías de tarjetas de crédito estarán felices de aumentar su límite.

Aun cuando aumenten su límite, permanezca disciplinado para no utilizar el crédito adicional disponible, si lo hace, regresará al barco con el índice de crédito original. Y estará en una gran deuda.

5. Abra una nueva cuenta de tarjeta de crédito

También puede aumentar positivamente su clasificación de crédito al elegir abrir una nueva cuenta. Su único objetivo es asegurarse de que no haya saldo en esta tarjeta, y el crédito disponible posiblemente aumentará dependiendo del límite.

Obtenga una tarjeta que no requiera que pague una tarifa anual. Su mejor ruta debe ser a través de un banco, del cual ya tiene una cuenta bancaria. Las tarjetas que no tienen un cargo anual tienden a exigir altas tasas de interés, pero si no deja un saldo, es posible que esto no le afecte.

Sin embargo, de nuevo, necesita ser inteligente. Su objetivo no debería ser tener más efectivo sino mejorar su calificación de crédito. Si cree que puede usar fácilmente el saldo de la cuenta nueva, es mejor que no abra otra.

6. Primero borre las "nuevas" cuentas de crédito con alto interés

La era del crédito es importante para su informe de crédito. Las tasas de interés son importantes para su cuenta bancaria. Supongamos que tiene 100 $ para pagar saldos cada mes, entonces debe centrarse en borrar primero las cuentas de alto interés. A continuación, puede establecer prioridades según la antigüedad de la cuenta. Pague primero los más recientes para que pueda aumentar el período promedio del crédito, lo que debería ayudarlo a calificar, pero también tendrá la posibilidad de evitar pagar las altas tasas de interés.

Luego, puede colocar el dinero que no ha gastado en ese pago en otra cuenta de su lista.

7. No tire sus viejas tarjetas de crédito

La cantidad de tiempo que ha utilizado su historial de crédito tiene una calificación de crédito moderado pero útil. Digamos que tiene una tarjeta de crédito por diez años. Si decide cerrar esa cuenta, puede reducir su perfil de crédito general y afectar negativamente su calificación, especialmente a corto plazo.

Si planea aumentar su calificación de crédito, pero al mismo tiempo cerrar su cuenta de crédito, concéntrese en cerrar su tarjeta "más nueva".

Haga la reparación de su propio crédito: pasos para reparar el mal crédito por su cuenta

Es crucial que no se deje engañar por estafas que prometen una reparación de crédito fácil en una noche. Si desea corregir su mal crédito, puede hacerlo usted mismo. Estos simples pasos lo ayudarán a mejorar su calificación de crédito.

Hasta ahora, sabe que cuando tiene poco crédito, no calificará para nuevos productos de crédito, como las tarjetas de crédito. Si bien puede lograr obtener un préstamo para un automóvil o incluso una hipoteca, tendrá que pagar una tasa de interés alta debido a la mala calificación crediticia. Esto es diferente a una persona con una mejor calificación de crédito. Aquí hay algunas formas potenciales de arreglar su crédito:

1. Saber dónde se encuentra

Antes de comenzar la reparación usted mismo, desea tener copias completas de sus informes de crédito de las tres agencias: Equifax, Experian y TransUnion.

Como se mencionó, estos informes son gratuitos siempre que los solicite una vez al año en www.annualcrediteport.com. Otros sitios web pueden prometerle otorgar un informe gratuito, pero eso es solo una mentira.

2. Si obtiene errores, discútalos

El siguiente proceso en su reparación de crédito es presentar una disputa por información incorrecta capturada en su informe. Los errores son comunes, por lo tanto, si ve algún error, ya sea pequeño o grande, es importante que los solucione. Y esto es lo que necesita hacer:

Una vez que reciba una copia completa de su informe de crédito, verifique su información de identidad y su historial de crédito.

Verifique la lista de tarjetas de crédito, deudas y transacciones principales. Si observa algún error, debe crear una copia del informe y resaltar el error.

A continuación, recopile cualquier información que pueda necesitar proporcionar como evidencia; podría ser sus extractos bancarios. Esto es muy crítico porque las agencias de crédito no actuarán sobre nada si no hay pruebas.

3. Prevenir desangrarse

Una vez que termine de corregir los errores encontrados en su informe de crédito, este es el momento de asegurarse de no gastar más de lo que puede generar cada mes.

¿Por qué es esto tan crítico? Es porque solo hay tres cosas simples que hacer para arreglar un mal crédito:

- Pagar facturas a tiempo

- Pagar su deuda

- No solicitar crédito

Por supuesto, antes de que pueda comenzar a hacer cualquiera de las cosas enumeradas, debe asegurarse de no gastar más de lo que gana. En otras palabras, debe tener un presupuesto.

Primero, analice las devoluciones de su impuesto durante los últimos dos años para obtener una idea de cuánto dinero gana al final del año.

Deduzca sus gastos mensuales de sus ingresos actuales. A continuación, debe crear una estimación de cuánto dinero gasta cada mes en otros costos, como entretenimiento, gas y comestibles. Después de esto, debe establecer un límite que se base en sus ingresos y en lo que puede gastar en cada una de las diversas categorías de costos.

Cómo lograr eliminar pagos atrasados como los profesionales

Los pagos atrasados causan un gran impacto negativo en sus calificaciones de crédito. Si no lo sabía, estos pagos podrían permanecer en sus informes de crédito durante siete años, por lo que debe hacer todo lo posible para evitar que se los reciban.

Si hay algún caso de retraso en el pago de su informe de crédito, tendrá que hacer algo para eliminarlo y aumentar su calificación de crédito. Y en caso de que realice un pago atrasado, existe la oportunidad de que lo eliminen.

Pero, ¿por qué aparecen los pagos atrasados en los informes de crédito?

Hay dos razones para esto:

1. Usted no tiene la culpa. En este caso, el retraso en el pago es un error.

2. Usted tiene la culpa. Probablemente realizó el pago tarde.

En el primer caso, puede eliminar el retraso en el pago de sus informes de crédito al presentar una disputa. Las agencias de crédito desean tener información precisa en sus registros, de modo que cuando presente una disputa, la analizarán para que puedan solucionar el problema.

En la segunda instancia, puede lograr que se retire el pago atrasado de los informes de crédito. Sin embargo, este proceso implica aplicar un lenguaje cortés y enviar una petición humilde. Es posible que también deba describir su condición y prometer ser disciplinado y responsable en los próximos años. Sin embargo, este método no garantiza que tendrá éxito.

Independientemente del retraso en el pago de sus informes de crédito, vale la pena tomarse el tiempo para eliminarlo. Usted aprenderá cuándo aparecerán los pagos atrasados en sus informes de crédito y por qué es importante eliminarlos. Finalmente, aprenderá cómo disputar un retraso en el pago inexacto, y cómo puede solicitar a los prestamistas que borren los registros de pagos atrasados.

Punto a tener en cuenta

Al buscar compañías de crédito para corregir su calificación de crédito, se encontrará con varias compañías que prometen hacer el servicio "rápido" y por un precio. Algunos incluso pueden prometer eliminar cualquier característica negativa en su informe de crédito. La verdad es que: todo lo que hacen estas empresas, puede hacerlo usted mismo; no tienen acceso especial.

Si bien es posible que desee trabajar con algunas de esas compañías, asegúrese de que sean de buena reputación. De esa manera, ahorrará tiempo y energía para buscar todos los detalles de contacto y documentos para presentar una disputa. En su lugar, puede obtener una persona que haya experimentado esto antes, y que pueda guiarlo sobre qué esperar y acelerar todo el proceso.

Si sabe que no tiene la culpa, disputar el pago

Como se mencionó, este método es perfecto si hay un retraso en el pago incorrecto en sus registros de crédito que nunca ocurrió.

También puede aplicar este método si realizó un pago atrasado, pero hay alguna información falsa relacionada con este. Sin embargo, en esta situación, tal vez no deba esperar que se elimine por completo un registro de demora. Pero corregirán el error y aún tendrá el pago atrasado que permanecerá allí.

Es gratis presentar una disputa de datos en su informe de crédito. Puede considerar disputar el pago atrasado con varias compañías. A continuación, se muestra una estructura básica:

1. Resalte el problema. Asegúrese de confirmar el informe de crédito en el que se haya presentado el pago atrasado.

2. Póngase en contacto con el acreedor para averiguar si corregirá el error y alertará a las agencias de crédito.

3. Póngase en contacto con las agencias de crédito. Si es importante, póngase en contacto con las agencias de crédito para disputar los pagos atrasados.

Aprenda a ser paciente. Este procedimiento puede finalizar con éxito en el segundo paso, o incluso puede tomar más tiempo. No tiene que experimentar muchos problemas con los emisores de tarjetas de crédito populares si realmente cometieron un error, incluso si eso exige que pase mucho tiempo en el teléfono. Pero existe la posibilidad de que sea difícil trabajar con otras compañías de tarjetas de crédito, especialmente con compañías de tarjetas de alto riesgo.

1. Revise sus informes de crédito

Si cree que puede tener un retraso en el pago incorrecto, el primer paso es verificar todos sus informes de crédito para ver si están incluidos en todos los registros.

Mientras revisa sus pagos atrasados, debe prestar atención al número de cuenta, al prestamista, a la cantidad pagada, a los datos, etc.

Aunque este paso no es tan importante, porque las agencias de crédito retirarán sus cuentas de pago atrasado cuando comience una disputa en línea con ellos, cuando revise sus informes de crédito, tendrá una mejor idea de sus cuentas y cuando se produjo el pago atrasado. Y en caso de que haya un gran error en sus informes, como un retraso en el pago, es importante verificar que todo esté correcto.

A continuación, encontrará algunos métodos gratuitos que puede utilizar para ver sus informes de crédito. Sin embargo, la evaluación de sus informes puede no tener un gran problema con respecto a sus calificaciones de crédito. Algunos de estos servicios le proporcionarán información completa en comparación con otros.

1. Aplicar un servicio de seguimiento de crédito

Hay diferentes servicios que puede utilizar. No le ofrecen los informes de crédito reales, pero pueden mostrar la información que tienen los informes. Algunos de esos servicios incluyen:

- Credit.com para los informes de Equifax y TransUnion.

- CreditKarma para los informes de Experian y TransUnion.

- Membresía gratuita de Experian. Esto es para poca información relacionada con su informe de Experian.

- Capital One CreditWise para el informe TransUnion.

- El Chase Credit Journey para los informes de TransUnion.

- Puede visitar AnnualCreditReport.com para recibir una copia gratuita de su informe de crédito por año.

- Usted puede calificar para informes de crédito adicionales gratis.

2. Reclamo el prestamista

Una vez que tenga en cuenta que hay un pago retrasado falso en uno o más de sus informes de crédito, entonces podría ser el momento de ponerse en contacto con el prestamista que envía el informe.

Si son emisores de tarjetas de crédito, será fácil llamar al número que figura en el reverso de su tarjeta o revisar la lista de detalles de contacto de la compañía de crédito. Si no es así, es posible que deba buscar la información de contacto correcta para llamar al prestamista.

Puede que tenga suerte si logra llamarlos y alertarlos sobre el error. Pueden revisar sus registros, identificar el error y tomar las medidas necesarias para corregirlo.

En algunos casos, el prestamista podría solicitar una solicitud para mostrar que no realizó ningún pago atrasado. Incluso pueden solicitar una carta que contenga una copia de un extracto bancario que indique el pago o cualquier tipo de documentación. Si están satisfechos, solucionarán el error.

Cuando el prestamista acepta que el retraso en el pago es un error, es importante ponerlo por escrito. Encuentre una verificación por escrito que muestre el error de informe de demora del prestamista y no su error.

Luego, pídale al prestamista que presente una disputa por el retraso en el pago con las agencias de crédito y elimínela de su informe de crédito. Si no puede cuestionarlo, entonces es posible que tenga que hacerlo por su cuenta.

Independientemente de si el prestamista enviará la disputa o usted lo hará por su cuenta, debe asegurarse de revisar sus informes después de cada mes para que pueda verificar que el retraso en el pago es fijo.

Otra cosa que el prestamista tiene que hacer una vez que se comprueba que es un error es reembolsar cualquier pago atrasado que haya realizado.

El prestamista puede aceptar que fue un error, pero eso no implica que el retraso en el pago desaparezca instantáneamente de sus informes. En particular, cuando el prestamista no presente una disputa con las agencias de crédito, deberá implementar este paso por su cuenta.

Si usted no puede demostrar que ha realizado pagos a tiempo, puede ser lamentable. Pero aun así, puede seguir adelante y comenzar una disputa con las agencias de crédito si está seguro de que el retraso en el pago es un error.

3. Disputar con las agencias de crédito

Las disputas se pueden hacer en línea, o incluso por correo o teléfono celular. Cuando presenta una disputa por un artículo en su informe de crédito, la agencia de crédito debe iniciar una investigación que puede retrasar más. La oficina tendrá que analizar la información y confirmar con el prestamista si es necesario. Una vez que prueben que el artículo es correcto, deberá permanecer en el informe de crédito. Si encuentran que el elemento es incorrecto, lo eliminarán de su informe.

Nota

Si realiza un pago atrasado, no presente una disputa como inexacta. Algunas personas intentan esto, esperando obtener algo de suerte cuando el acreedor no puede verificar a tiempo. Esto es hacer declaraciones falsas y puede destruir su relación con el emisor de la tarjeta de crédito, y es posible que no le aprueben las tarjetas en el futuro.

Se aconseja que el reclamo sea en línea, de esa manera, será más rápido y más preciso. Cada agencia de crédito tiene un sistema gratuito de disputas en línea al que puede aplicar.

Si reclama a través de correo electrónico, asegúrese de enviar la información que se indica a continuación. Esto podría ser realmente útil, aunque parezca demasiado:

- Una copia de su banco de servicios públicos, factura o declaración de seguro.

- Su fecha de nacimiento.

- Su número de seguro social.

- Una dirección para mostrar dónde ha vivido en los últimos dos años.

- Sus nombres completos.

- Cualquier documentación de respaldo, como una notificación del prestamista de que el pago atrasado es inexacto, o incluso un extracto bancario para indicar el pago oportuno.

Asegúrese de enviar copias de los documentos, y no las versiones originales, porque no los recuperará. No tiene que escribir una explicación larga y detallada de su condición, sin embargo, mientras más evidencia proporcione, mejor.

Usted es el culpable

Si sabe que realizó un pago atrasado, todavía tiene la posibilidad de que lo eliminen de su informe de crédito. Esta puede ser una pequeña oportunidad, pero es importante intentarlo porque un retraso en el pago tiene un gran impacto en su crédito.

Estos métodos requieren que se comunique con el acreedor, en lugar de con las agencias de crédito. Básicamente, defenderá su caso y le pedirá que le perdone el pago atrasado. Los acreedores no tienen ninguna condición para hacerlo. Si eligen reportar la cuenta como al día en lugar de morosa, a menudo se lo denomina "ajuste de buena voluntad".

Esto puede tener éxito si tiene un gran historial de pagos con el prestamista, y ha sido un cliente disciplinado, excepto por este único error. Si un error técnico le impidió pagar a tiempo, por ejemplo, un problema con el sistema de pago, puede funcionar a su favor. O, digamos que hubo un evento masivo de la vida que le impidió pagar a tiempo, podrían simpatizar con eso.

Si no ha sido un gran cliente y tiene un historial de pagos atrasados más otros comentarios negativos, es posible que no tenga mucho éxito con el "ajuste de buena voluntad". Sin embargo, podría valer la pena intentarlo según su condición, ya que no le costará nada.

Solo hay dos pasos para el siguiente proceso:

1. Preguntar educadamente

2. Negociar

Ajuste de buena voluntad mediante una llamada telefónica o una carta

Puede intentar un ajuste de buena voluntad mediante dos métodos: correo y teléfono. Algunas personas solo intentan uno, mientras que otros intentan ambos. Por lo general, muchas personas tienden a tener éxito al llamar y enviar varias cartas a lo largo del tiempo, pero esto no se puede confirmar.

Ya sea que esté hablando por teléfono o escriba una carta, tenga en cuenta que usted tiene la culpa y es importante pedir perdón. El tono con el que habla deberá reflejar eso también. Sea agradecido, educado y concienzudo. Además de esto, no se ponga exigente o enojado.

A continuación, se incluyen algunos ejemplos para ayudarlo a iniciar una conversación telefónica o una carta de buena voluntad. Si encuentra una respuesta positiva del acreedor, debe intentar obtenerla por escrito.

Teléfono

Utilice el siguiente libreto para comenzar una conversación sobre cómo cancelar su pago atrasado. Solo confirme que tiene su explicación de por qué se retrasó. Si no tiene un gran historial de pagos, es posible que deba ajustarlo gradualmente para revelar su estado inicial.

LATE PAYMENT GOODWILL ADJUSTMENT SAMPLE PHONE SCRIPT

"Hello, my name is [your name]. I recently made a late payment on my account, which was a total accident.

As you can see, my payment history is perfect other than this one mistake. I ended up paying late because [insert your explanation here]. The late payment is also showing up on my credit reports.

Is there any way you could remove this late payment from the record, by reporting that account as always current?"

Esto debería hacer que comience de la manera correcta.

Correo

Tómese el tiempo para escribir una gran carta a la antigua. Una carta de buena voluntad debe personalizarse para reflejar la situación actual y la buena intención de ser un usuario de crédito disciplinado.

Acepte su error por el retraso en el pago y no ponga excusas. Explique algunas de las condiciones que lo rodean, ya sea sobre su potencial de pago, alguna confusión o alguna otra razón. Destaque que ha estado haciendo otros pagos a tiempo. Si hay algo que le impidió un pago oportuno, explique que eso no es un problema ahora.

La siguiente carta de ejemplo debería funcionar como una gran plantilla para comenzar. Asegúrese de ajustarla donde sea posible para adaptarse a su condición.

[Date]

[Your Name]

[Your Address]

[Your Phone Number]

[Your Email Address]

[Your Account Number]

Complaint Department

[Name of Creditor]

[Creditor Address]

Dear Sir or Madam:

I hope you're doing well today. My name is [your name], and I've been a satisfied customer of [creditor] for [number] of years. I've always made my payments on time, but unfortunately I recently made a mistake on [date].

I understand how important it is to make timely payments. However, I missed my payment because [brief explanation of why you missed your payment]. But I'm confident this won't happen again. As you can see from my credit history, I have a long record of on-time payments before and since the late payment.

As a courtesy, I respectfully request that you make a goodwill adjustment to remove the late payment on [date]. Please consider my track record as proof that I take my financial obligations seriously.

If you have any questions, or if you would like to speak with me in more detail, please call me at [your phone number] or send me an email at [your email address here].

Thank you for your consideration,

[Your name]

Trate de negociar

Si un ajuste de buena voluntad regular no logra los resultados esperados, puede intentar negociar. Podría tener un poco de apalancamiento para trabajar, pero tal vez no.

Hay diferentes tipos de ofertas que podría hacer:

- *Autopago:* Aquí es donde configura un sistema de pago automático para que el acreedor pueda recibir el pago a tiempo.

- *Plan de pago:* Debe aceptar pagar una cantidad determinada cada mes para pagar un saldo actual.

- *Liquidación parcial:* Este requiere que usted pague el saldo pendiente y acepte pagar el resto a lo largo del tiempo.

- *Liquidación completa:* Pagar el saldo restante con el acreedor.

Intente cualquier técnica de negociación que conozca; puede tener suerte si puede demostrar que tiene la capacidad financiera para realizar el pago todos los meses.

Para incluir la técnica de negociación en su llamada telefónica o carta de buena voluntad, solo necesita insertar uno de estos libretos en la conversación. O puede combinarlos de una manera determinada.

AUTOPAY

On my part, I'll sign up for the autopay system so you can be sure that you'll always get my payments on time. I have a good job with a steady income, so I'm not worried about missing future payments.

PAYMENT PLAN

On my part, I'll pay off my remaining balance of [your account balance] over the next [number of months] months, making payments of [payment amount] each month. I'll sign up for autopay so you can be sure that you'll always get my payments on time. I have a good job with a steady income, so I'm not worried about missing future payments.

¿Cómo obtener tarjetas de crédito con aprobación garantizada?

Si ha estado luchando para obtener una tarjeta de crédito porque ya tiene mal crédito, es posible que se esté preguntando sobre las ofertas de tarjetas de aprobación garantizadas que ha visto. ¿Son genuinas? ¿Y qué significa exactamente la aprobación garantizada? Si bien este término puede parecer la solución a sus problemas de tarjeta de crédito, la verdad es que todas las tarjetas de crédito tienen ciertos requisitos básicos antes de que una compañía pueda entregarle una. Una cosa clave con la aprobación garantizada es que hay requisitos mínimos establecidos para que uno califique.

Muchos emisores de aprobación garantizada requieren que una persona tenga una cuenta corriente activa y muestre evidencia de ingresos que supere una cantidad mínima específica. También está el problema de cuán malo es su crédito. En general, una calificación de crédito de entre 300 y 650 es un mal crédito. Pero algunos emisores de tarjetas verán una calificación de 550-650 como mal crédito, y pueden considerarle una tarjeta de crédito sin garantía.

El proceso de registro para la aprobación garantizada de tarjetas de crédito se realiza en línea. Estas tarjetas de crédito le proporcionarán una aprobación inmediata. Además, están destinadas a personas con mal crédito.

Para aquellos que tienen mal crédito, es fácil ser engañado por estas ofertas. Sin embargo, antes de seguir adelante e inscribirse, considere los siguientes consejos:

---

1. No envíe muchas solicitudes

No envíe múltiples solicitudes para su aprobación garantizada. Esto puede dañar su crédito.

2. Tenga un plan de pago

Cuando se le apruebe, ¿tiene un plan de pago efectivo? No entre en un estado sin estar preparado. Lo mejor que debe recordar como titular de una tarjeta de crédito es mantenerse al día con sus facturas sin importar el tipo de tarjeta de crédito que tenga. ¿Su ingreso mensual le permitirá pagar gastos adicionales? ¿O es práctico mejorar su crédito antes de recibir una tarjeta de crédito?

3. Planee otras opciones

Tener diferentes opciones, le ayudará a aumentar la calificación de su tarjeta de crédito. Algunas de estas opciones incluyen una tienda departamental y una tarjeta de estación de servicio. Es fácil obtener estas tarjetas, y hacen el mismo trabajo que las tarjetas de crédito.

4. Esté listo para pagar su saldo por completo

Si elige tener una tarjeta de crédito mala, debe estar preparado para cumplir con sus obligaciones de pago. No permita que nada lo desanime a pagar sus deudas de tarjetas de crédito. Asegúrese de anotar sus fechas de pago.

5. Lea antes de firmar

Esto es muy importante, debe leer cada declaración que se encuentra en los términos y condiciones de su tarjeta de crédito. Asegúrese de que ha entendido todo. Si tiene preguntas, no tenga miedo de llamar al banco y hablar con un representante. Es importante tener confianza en que no tiene cargos ocultos o cláusulas vagas en su tarjeta de crédito.

Capítulo 2: Pagar la deuda

Mentiras sobre la deuda

La sociedad de hoy ha difundido un montón de mentiras sobre la deuda que hemos llegado a creer como verdadera. Algunos de nosotros los hemos creído hasta el punto de que muchos de nosotros ya estamos endeudados.

Pero, ¿cómo podemos dejar de creer estas mentiras y comenzar a fijarnos en la verdad? Una forma es educarnos y aprender qué es deuda y qué no lo es.

Muchas mentiras diferentes se han propagado sobre la deuda. Echemos un vistazo a algunas de ellas:

1. Encuentre una tarjeta de crédito para construir su crédito

Esta percepción de que tiene que buscar un crédito para hacer crecer el crédito implica que debe tener una deuda para que después de un tiempo pueda aumentar su deuda. Es ridículo. La idea de comprar una casa más tarde surge. Entonces, ¿puede usted obtener una casa sin una tarjeta de crédito? Los prestamistas dirán que no, pero esto no es cierto.

Puede obtener una hipoteca de una firma que está involucrada en la suscripción. Esto significa que no solo se enfoca en su calificación de crédito, sino que también mira su historial financiero. Puede ser elegible para hipotecas si ha pagado sus facturas a tiempo durante los últimos dos años, tiene un gran historial de pago de sus utilidades a tiempo, o ha estado en la misma carrera un mínimo de dos años y tiene un excelente historial de pago.

Puede pensar que esto es muy difícil, solo porque alguien le habló sobre una ruta alternativa. La verdad es que no necesita solicitar crédito para comprar una casa. Un excelente historial de administración financiera lo ayudará a obtener un hogar cuando llegue el momento de comprar uno.

2. Toda deuda es mala

Esta percepción negativa asociada con la deuda ha provocado que muchas personas empiecen a pensar que toda deuda es mala. Si bien los préstamos irresponsables no son una gran cosa, una deuda bien manejada puede ser positiva y ayudarlo a construir su historial de crédito y mejorar su calificación de crédito.

Esto aumentará la calificación de crédito para aumentar sus posibilidades de obtener crédito en el futuro y obtener grandes préstamos, como hipotecas.

Además, se puede decir que una hipoteca es una buena deuda porque ayuda a obtener una inversión a largo plazo.

3. La consolidación de deuda repara nuestros problemas con la deuda

La consolidación de una deuda es un problema importante porque oculta un gran problema. Desde un punto de vista puramente financiero, puede parecer una gran idea, sin embargo, el desafío es que somos nosotros los que nos endeudamos. Somos los arquitectos de nuestros problemas. Y así, cuando decidimos consolidar nuestras deudas, podemos comenzar a pensar que hemos hecho algo para reparar el problema. Sentimos que hemos logrado algo, pero el hecho es que nada ha cambiado. La deuda seguirá en pie, y nada habrá cambiado, estamos igual.

La deuda es un tema fundamental. Incluye impaciencia, mala gestión financiera y compras impulsivas. Para solucionar este problema, debe revisarse más allá de la cantidad de la deuda. Consolidar los préstamos no cambia nada, es como transferir el problema de una parte a otra. Si desea ver un cambio permanente a largo plazo que afectará sus finanzas futuras, entonces es crucial corregir los hábitos individuales que llevaron a la deuda.

El hecho de que todo el mundo lo esté haciendo no significa que usted deba hacerlo. El hecho es que no necesita obtener una tarjeta de crédito para aumentar su crédito. Los préstamos para automóviles no son el boleto para una vida mejor, y no puede reparar su problema de deuda consolidándolo. Al rechazar estas mentiras y tratar de vivir de una manera disciplinada y responsable, se preparará para el éxito y finalmente logrará la libertad financiera completa.

4. Que se pueda declarar en quiebra

Es el último pensamiento en el que muchas personas piensan, que cuando la empresa fracasa o la deuda de su préstamo estudiantil crece más allá de sus capacidades, la bancarrota es la última opción. No es la elección que la mayoría de la gente quiere, pero está ahí como una ruta de salida.

Sin embargo, incluso es difícil cumplir con estas responsabilidades cuando se declara en bancarrota. Esto es especialmente cierto cuando tiene un ingreso familiar razonable.

El hecho es que antes de que pueda declararse en bancarrota, debe cumplir varios requisitos antes de que se le otorgue el alta. Además, es posible que deba demostrar que es insolvente en lugar de poder pagar su deuda después de un tiempo.

5. El asesoramiento de la deuda es caro

Si bien algunos deudores le pedirán una tarifa antes de asesorarlo, muchas empresas y organizaciones expertas le ofrecerán asesoramiento gratuito. Las entidades de consultoría y las firmas de gestión de deuda pueden ayudarlo a conocer las opciones de deuda.

6. Tener deudas es algo malo

A pesar de la percepción de la deuda, como prestatario, no debe avergonzarse de los préstamos, especialmente cuando sabe que lo está haciendo con prudencia. Las hipotecas le permitirán permanecer en una casa que probablemente aumentará de valor, y los préstamos estudiantiles le proporcionarán métodos para invertir en usted mismo.

Al elegir usar tarjetas de crédito, tendrá la oportunidad de demostrar que puede pedir prestado de manera responsable y pagar todas sus facturas a tiempo, y al hacerlo, aumentará su calificación de crédito. Una alta calificación crediticia también hará que las organizaciones financieras se sientan seguras de prestarle más dinero, e incluso puede calificar para grandes términos de préstamos y tasas de interés atractivas.

De manera similar, los no acreedores, como los aseguradores de viviendas, los servicios de electricidad, los propietarios y las compañías de teléfonos celulares, también pueden estar interesados en ver su calificación de crédito. Sin embargo, recuerde que cuando constantemente tiene una cantidad específica de deuda de tarjeta de crédito en comparación con las cantidades de su línea, esto puede afectar negativamente su calificación de crédito.

7. Mantener un saldo de tarjeta de crédito aumentará su calificación de crédito

Este es otro concepto erróneo. Una forma de mejorar su calificación de crédito es utilizar una pequeña cantidad de su crédito, asegurándose de que pague todas sus facturas a tiempo cada mes.

8. Las tarjetas de crédito al por menor son una buena cosa

Realmente no. Debe leer la parte de la que se habla cuando lleva el saldo de un mes anterior al mes siguiente. Las tarjetas de crédito minoristas pueden ser muy atractivas, especialmente cuando le dan intereses y recompensas gratis, sin embargo, cuando lleva el saldo de este mes al mes siguiente, las cosas comienzan a desmoronarse rápidamente. Algunas tarjetas son similares a los planes de pago, donde los prestatarios compran una tarjeta a los minoristas y luego la pagan después de algunos meses con "sin intereses", sin embargo, cuando no borra todo el saldo dentro del período cotizado, tal vez pagará intereses sobre la cantidad total y con una tasa de interés más alta que una tarjeta de crédito normal. Por ejemplo, Apple les brinda a los clientes una opción de dieciocho meses sin intereses cuando utilizan la tarjeta Barclaycard US para hacer compras. Sin embargo, si no paga la compra en el tiempo libre de intereses, se implementará un porcentaje de tasa anual variable. Su historial no es tan importante, ya que, tenga un gran historial de crédito o no, puede encontrarse fácilmente pagando un interés del 20%.

9. Es aconsejable deshacerse de las tarjetas de crédito que no usa

Probablemente no, de hecho, debe mantener las tarjetas antiguas que no tienen saldos y usarlas un poco para asegurarse de que permanezcan activas. El motivo se extiende a su calificación de crédito, y un aspecto aplicado es el cálculo, denominado "tasa de utilización de crédito".

10. Una vez que esté casado, usted es responsable de la deuda de su cónyuge

La mayoría de las parejas piensan que una vez que están casadas, las deudas se fusionan, pero este no es el caso. Es popular que las parejas paguen las deudas juntas, pero ningún cónyuge está obligado a pagar la deuda de su compañero de vida.

Hay métodos en los que la seguridad puede perderse una vez que se casan, sin embargo, puede ser responsable por la deuda que su cónyuge aplica si incluye su nombre en el pagaré.

11. Las deudas se liquidan después de seis años

Desafortunadamente, no hay forma de que una deuda pueda ser pagada si no la ha pagado. Incluso si va a durar diez años, los registros permanecerán para demostrar que debe pagar una cantidad específica para una deuda determinada. Este concepto erróneo tiende a ser propagado por los graduados.

12. Las propuestas de los consumidores son algo malo para manejar la deuda

Esta es otra gran idea falsa sobre la deuda. Bueno, las propuestas de los consumidores tienen algunos inconvenientes, sin embargo, tienen un propósito determinado y generalmente se aplican cuando la deuda se eleva a niveles inmanejables.

Y la razón por la que las propuestas de los consumidores tienen una mala percepción es que los bloggers de finanzas personales generalmente los atacan, simplemente porque los defensores de las finanzas personales viven una vida libre de deudas. Sin embargo, una propuesta del consumidor no está destinada a la reducción normal de la deuda. Las propuestas de los consumidores ayudan a las personas cuando tienen una cantidad masiva de deudas. Si vivir con mesura y crear un presupuesto no reduce su deuda, entonces la propuesta del consumidor podría convertirse en la opción más razonable.

También son aceptables y legales para manejar grandes sumas de deuda y ofrecer una alternativa a la bancarrota. Es una medida mínima, y cuando está estructurada de la manera correcta, puede ser una opción útil. Debe saber que el manejo de la deuda se convierte en un problema cuando tiene que idear un plan para controlar su dinero y desarrollar su calificación crediticia.

13. La bancarrota afecta ampliamente la calificación de crédito, por lo que no puede ser nuevamente aprobado para obtener crédito

No es cierto. Si planea declararse en bancarrota, su calificación de crédito ya es bajo debido a los pagos atrasados y grandes cantidades de deudas. Declararse en bancarrota puede no afectar su calificación de la manera en que piensa. Fair Isaac Corporation dice que, si tiene una calificación de alrededor de 680, la quiebra puede reducirla en 130-150 puntos. Esto es una aproximación. Es difícil predecir los efectos exactos. Incluso cuando su calificación de crédito baja, aún puede calificar para una línea de crédito. Muchos prestamistas han dejado de considerar la bancarrota como un factor decisivo cuando aprueban y rechazan las solicitudes de crédito. La bancarrota puede ayudar a liberar algunos de sus salarios para que pueda pagar sus deudas futuras. Tenga en cuenta también que la quiebra no es permanente, se elimina de su informe de crédito después de siete a diez años.

14. El pago de las deudas reparará inmediatamente su informe de crédito

Falso. Un informe de crédito le mostrará un resumen de su situación crediticia actual y su historial de crédito. Mucha información negativa permanece en su informe de crédito por siete años o más. Al eliminar sus deudas, ayudará a aumentar su informe de crédito y su calificación de crédito, pero no solucionará todos los problemas pasados. Requiere tiempo.

15. Necesita pagar la hipoteca lo más rápido posible

Esto es falso solo cuando se considera de una sola talla para todos. Las hipotecas tienen una deuda masiva, y eliminarlas puede eliminar un factor importante de estrés y problemas financieros, especialmente cuando está cerca de retirarse.

Apresurarse a pagar su hipoteca no es la opción correcta para todos. Algunas de las cosas en las que usted debe pensar incluyen:

- ¿Es mejor invertir el dinero en pagos adicionales?

- ¿Los beneficios fiscales que vienen con la deducción de intereses hipotecarios son importantes para usted?

- ¿El retiro anticipado de su hipoteca implica que debe sacrificar otras cosas importantes, como pagar los saldos de sus tarjetas de crédito todos los meses?

16. Puede hacer un presupuesto fuera de deudas

Hay una diferencia significativa entre la crisis financiera y la deuda.

Muchas personas con grandes deudas probablemente han sobrepasado sus ingresos. El crédito se convirtió en un medio para cumplir sus vidas. Y hoy tienen 30 mil deudas, y tienen que trabajar duro, ganar más y comenzar una bola de nieve de la deuda.

Dicho esto, hay una gran diferencia en la forma en que puede superar la deuda y en la forma en que puede atravesar una crisis financiera. Para ciertas personas, el presupuesto más completo y el recorte de estilo de vida extremo pueden no resolver el problema de los ingresos porque no puede cubrir los costos fijos y los pagos de deudas.

El hecho es que la deuda puede convertirse en una crisis financiera, y aquí es donde muchas personas carecen de la experiencia para manejar grandes cantidades de deuda.

Este es el punto donde encuentra a alguien perdiendo su hogar. Este es el momento en que comienza una demanda. Aquí es donde los ahorros se retiran, los pagos de seguro se paralizan y la bancarrota viene a la mente.

La deuda buena contra la deuda mala

Antes de dar ese último paso para pedir dinero prestado, es importante comprender la diferencia entre lo que se considera una deuda buena y lo que se dice que es una deuda mala. Algunas deudas valen la pena, otras pueden arrastrarlo a una crisis financiera.

Algunas personas encuentran difícil vivir sin deudas, al menos tendrán algunas deudas que pagar. Si bien algunas deudas se rechazan, la deuda buena se considera como el dinero que pide prestado para que pueda pagar las cosas que realmente necesita o las que aumentan de valor. Por otro lado, la deuda incobrable es una que surge de cosas que solo desea y a menudo disminuye en valor.

Para que pueda comprender la diferencia entre la deuda buena y la deuda mala, necesita saber la diferencia entre deseos y necesidades. Antes de que pueda pedir dinero prestado, debe decidir si el dinero va a hacer algo que tendrá un efecto negativo y positivo en su condición financiera general.

Por supuesto, la deuda no es algo malo, es solo la forma en que usa el dinero lo que importa.

Para una buena deuda, siempre tendrá una buena razón para justificarla y un plan desarrollado para pagarla, de modo que pueda liquidar la deuda lo más rápido posible.

Un individuo con buena deuda también tendrá los métodos más baratos para pedir dinero prestado. Lo harán observando el método de préstamo, la tasa de interés, la cantidad del crédito y los cargos que sean apropiados para ellos.

A veces, puede implicar un trato con la menor tasa de interés posible, pero a veces, puede que no.

Ejemplos de buena deuda

1. Pagar por la asistencia médica

No hay una cantidad fija de dinero para pedir prestado que pueda garantizar que su ser querido se mantenga saludable. Puede administrar el dinero que pide prestado, pero es imposible reemplazar una vida humana. Si una persona requiere tratamientos costosos para asegurar que se mantengan saludables, esta sería una deuda aceptable, sin importar nada más.

2. Pedir prestado dinero para la educación

Cuando solicita una deuda de préstamo estudiantil, no está tomando una decisión equivocada. En general, las personas con títulos universitarios ganan más ingresos en su vida que aquellas sin un título.

Y solicitar un préstamo estudiantil para que pueda apoyar la educación de su hijo, anula la idea de usar sus ahorros. Después de todo, no puede pedir dinero prestado para pagar sus ahorros. Los programas gubernamentales múltiples ofrecen préstamos estudiantiles a bajo interés, y siempre puede reducir los intereses de los préstamos estudiantiles en sus impuestos.

3. Tomar una hipoteca sobre una casa

Tomar un préstamo de esta cantidad puede ser abrumador, pero comprar una casa crea la propiedad de algo que lo albergará y generará algo de dinero para la jubilación. Incluso mientras se esfuerza por liquidar su deuda, puede considerar una ventaja colocar cualquier efectivo líquido disponible como depósito, aunque puede que no sea la opción correcta.

Los intereses de una hipoteca sobre la vivienda se reducen en sus impuestos y la tasa de interés es menor en su préstamo hipotecario que en la tarjeta de crédito. En otras palabras, es importante tener dinero para pagar otros gastos en lugar de crédito.

A pesar de que la compra de una casa inicialmente se considera una inversión sólida y segura para el futuro, algunos propietarios de viviendas se encuentran en el lado equivocado de su préstamo hipotecario. Deben a los bancos más que el valor de sus hogares. Sin embargo, la planeación estratégica, comprar solo lo que puede pagar y mantener un bajo interés al tener un buen crédito, puede permitirle comprar una casa que un día será de su propiedad.

4. Comprar un carro

Si no tiene transporte público en su área, o si no puede conseguir a alguien con quien puede compartir el viaje, es posible que deba considerar comprar un automóvil. Un préstamo para automóvil puede ser "bueno" o "malo", pero lo principal es asegurarse de que el préstamo sea una buena deuda, así que busque las tasas más bajas posibles en su préstamo. Además, debe realizar un gran pago inicial y, al mismo tiempo, asegurarse de tener algo de efectivo disponible en caso de que lo necesite.

Su mejor objetivo debería ser elegir un modelo de automóvil usado en lugar de uno nuevo, posiblemente ahorrándose miles de dólares en el precio final y el interés que se paga a lo largo del préstamo.

5. Préstamos comerciales

Si bien esto puede no ser visto como una buena deuda, pedir prestado dinero para comenzar un negocio o expandir un negocio es quizás una gran idea si el negocio está prosperando. Después de todo, necesita dinero para ganar más dinero, ¿cierto?

A veces, es posible que tenga que pedir prestado capital para contratar nuevas personas, comprar un nuevo dispositivo, pagar por la publicidad o incluso desarrollar el primer artefacto nuevo que diseñó. El punto es que usted toma prestado este dinero para expandir el negocio o aumentar los ingresos, entonces esto contará como una buena deuda.

¿Qué es la deuda mala?

La deuda incobrable es la que agota su riqueza y no es asequible. Además, no proporciona medios para pagarse a sí misma.

Las deudas incobrables pueden no tener planes de pago realistas y, por lo general, se agotan cuando las personas compran cosas por impulso. Si no está seguro de poder reembolsar el dinero, entonces no lo tome prestado porque será una deuda incobrable.

Ejemplos de deudas incobrables

1. La deuda de la tarjeta de crédito

Una familia típica en los Estados Unidos tiene un saldo de más de $ 10.000 en su tarjeta de crédito cada mes. Sin embargo, la deuda generalmente aumenta más rápido de lo que nos damos cuenta y siempre se utiliza para comprar cosas que queremos en lugar de necesitarlas. Es más fácil pensar que puede pagar algo con una tarjeta que pagándola en efectivo.

En el momento en que paga por su tarjeta de crédito, las tasas de interés de 100$ pueden ser de 200$, y la mayoría de los artículos se deprecian rápidamente, lo que hace que la pérdida sea significativa. En otras palabras, la deuda de tarjeta de crédito es una forma de deuda incobrable y una en la que millones de estadounidenses están utilizando hoy en día. Es difícil pagar la deuda de su tarjeta de crédito, y es por eso que es mejor evitarla en primer lugar.

2. Préstamo de un 401K

Cuando solicite dinero a un programa 401K, deberá conversar con el IRS y, si no está utilizando el dinero para comprar una casa, deberá pagar el préstamo en cinco años. Si no lo devuelve, corre el riesgo de que se le cobre una multa severa. Además, el interés que pague por el préstamo se gravará dos veces.

No puede obtener un préstamo para financiar su jubilación. Por esa razón, pedir prestado dinero de su plan de jubilación para usarlo para pagar cualquier cosa que no sea parte de la jubilación es una mala idea. Estará poniendo en riesgo su jubilación cuando obtenga un préstamo de un 401k, así que no cometa ese error.

3. Préstamos de día de pago

Puede parecer fácil pedir dinero prestado a las empresas de préstamos de día de pago, pero es difícil devolverlo. Estas empresas ofrecen préstamos con tasas de interés muy altas. Las empresas aprovechan el hecho de que muchas personas necesitan ese dinero. Como resultado, pedir prestado una pequeña cantidad puede terminar costándole mucho.

Los préstamos de día de pago no se consideran el peor tipo de deuda que puede asumir. Si realmente necesita un préstamo a corto plazo, es mejor buscar un anticipo en efectivo en una tarjeta de crédito en lugar de pedir dinero prestado a estas empresas.

4. Joyas, ropa cara, y vacaciones

Si no puede pagar estos lujos usando efectivo real, entonces no lo haga. Estas no son necesidades, sino deseos, y eso significa que son deudas incobrables. Espere hasta el momento en que tenga dinero para pagarlos. Al endeudarse para poder irse de vacaciones es quizás un uso terrible del dinero.

En resumen, la vida moderna nos exige a muchos de nosotros pedir prestado dinero en un momento dado, sin embargo, aprender la diferencia entre una deuda buena y una deuda mala puede hacer una gran diferencia en su salud financiera y en su oportunidad de éxito.

Es mejor no endeudarse más de lo que puede pagar, ya sea bueno o malo. Además, no deje que la deuda se acumule en más del 36% de su ingreso bruto total porque las agencias de crédito no pueden distinguir entre una deuda buena y una deuda mala al calcular su calificación de crédito. Si se encuentra con muchas deudas, deberá buscar formas de reducir su deuda y volver a encarrilarse.

No deje que la deuda lo asuste en su lugar, úselo como un medio para mejorar su vida o condición financiera, invierta en su futuro o aumente sus ganancias.

Pasos para pagar sus deudas rápidamente

Pagar todas sus deudas no es fácil, pero es posible, incluso si tiene la menor cantidad de dinero, no tiene propiedades y no tiene idea de cómo comenzar. Tanto si está luchando con tarjetas de crédito o préstamos hipotecarios, estos pasos lo ayudarán a salir de sus deudas rápidamente, sin importar si está o no en riesgo:

Paso 1: Sepa cuánta deuda necesita pagar

Es posible que no crea que la cantidad de dinero que las personas desechan saltándose este primer paso y pagando las facturas a ciegas sin tener una mirada más profunda.

Esto se reduce al hecho de que las personas tienen una actitud negativa hacia la deuda. Consideran la deuda como un gran crimen y vergüenza en su vida. Y así, se sienten culpables por su deuda. Cuando se sienta de esta manera, nunca querrá pensar en la cantidad de deuda que debe pagar; de hecho, algunos prefieren enterrar sus cabezas en la arena antes que confrontar la realidad de la situación.

Esto es básicamente lo que esperan las compañías de crédito y préstamos. Quieren ocultarle el estado de cuenta, y luego les envía el pago mínimo sabiendo que ha saldado toda su deuda. Ellos lo disfrutan cuando usted lo hace de esa manera.

Lo que necesita aprender hoy es que los pagos mínimos agotan más su bolsillo.

Puede ser doloroso aprender la verdad por su cuenta, pero debe tomarse esa pastilla. A partir de este punto, puede aprender que no es difícil evitar este hábito, de hecho, las compañías de tarjetas de crédito pueden ayudarlo. Encuentre su tarjeta de crédito y llame al número que se encuentra en la parte posterior, y pídales la deuda que tiene, el APR y el pago mensual mínimo.

Este es el momento de intensificar y aceptar su deuda. O elige hacer el trabajo duro ahora o sufrir lo imposible más tarde.

Por suerte, esta tabla le ayudará a lograrlo.

¿Cuánta deuda tiene?

Nombre de la tarjeta de crédito	Monto total de la deuda	APR	Pago mínimo mensual

Esta tabla le ayudará a saber cuánto necesita pagar por cada compañía y las tasas de interés.

Ahora deténgase y haga esto.

¿Lo ha hecho?

¡Felicidades! Implementar el primer paso es siempre el más desafiante. Ahora está en camino de estar libre de deudas.

Si el número total de deuda parece alto, considere lo siguiente:

1. Hay muchas personas con más deudas que usted.

2. A partir de hoy ese número va a reducirse. Este es el comienzo del fin.

Ahora que ya sabe cuánto debe, ¿qué sigue?

Paso 2: Elija su "estrategia de ataque" para liquidar la deuda

Una vez que sepa el monto exacto de la deuda, estará listo para comenzar a trabajar en su deuda. Para lograr esto, debe organizar el tipo de deudas que pagará primero. Ya sea que desee pagar préstamos estudiantiles, una tarjeta de crédito, cualquiera que sea, dependiendo de su elección.

Para pagar por completo toda su deuda, es posible que deba comenzar con el préstamo que tenga la tasa de interés más alta.

Por ejemplo, suponga que la tarjeta de crédito A tiene un saldo de $ 1.000 y una tasa de interés del 12%, mientras que la tarjeta de crédito B tiene un interés de $ 1.500 y 6%. Usted canaliza $ 150 por mes pagando el pago mínimo (3%) en uno y la cantidad restante en el otro. Esto significa que ahorrará mucho dinero al liquidar la tarjeta de crédito A (interés de $ 147) en comparación con la tarjeta B ($ 188).

Cuando decida con qué quiere comenzar primero, lo siguiente es desarrollar el plan de ataque.

Para los préstamos estudiantiles, probablemente pueda ahorrar miles de dólares cada año y pagar su deuda cada mes.

Sí. Usted puede ahorrar dinero gastando MÁS.

Suponga que tiene 10.000 $ como préstamo estudiantil, y la tasa de interés es de 6.8%, con un período de diez años para completar el pago.

Si aplica el plan mensual estándar, tendrá que pagar $ 115 por mes.

Pero, ¿puede averiguar cuánto puede ahorrar cada año si simplemente paga $ 100 más cada mes?

Monthly payments	Total interest paid	You save
$115	$3,810	$0
$215	$1,640	$2,169
$315	$1,056	$2,754
$415	$782	$3,027

Como se mencionó, pagar la menor cantidad es más caro. Incluso 30$ por mes puede ahorrarle mucho dinero.

Paso 3: Es hora de congelar la deuda de su tarjeta de crédito, para evitar que crezca

Si alguna vez quiso pagar todas sus deudas, debe aprender a reducir su deuda. Esa es la razón por la que este paso requiere que implemente lo siguiente:

1. Encuentre su billetera.

2. Consiga todas sus tarjetas de crédito.

3. Envíelas por correo a una ubicación diferente.

Bueno, quizás no necesite ir a este extremo... pero esto le hace ver el punto principal, que es eliminar toda tentación de querer usar la (s) tarjeta (s) de crédito. Solo puede pensar en usarla una vez que esté libre de deudas.

Aquí hay un gran consejo que puede funcionar para usted: tire todas sus tarjetas en un recipiente con agua y sumérjalas en su congelador. Si puede congelar su crédito, es posible que deba insertar sus manos a través de un enorme bloque de hielo para recuperarlo. Esto le proporciona el tiempo para decidir si desea o no lo que planea comprar.

Del mismo modo, puede poner todas sus tarjetas de crédito en una caja fuerte o en quien confíe para que las guarde. El punto es que no se supone que debe aumentar la deuda de su tarjeta de crédito.

Paso 4: Use esta plantilla para negociar

Mucha gente no está al tanto de esto, pero puede ayudarle a ahorrar más de 900$ en intereses si obtiene consejos de negociación.

Con los consejos de negociación, puede administrar limitar el APR en su tarjeta de crédito y generar miles de dólares.

Paso 5: Haga uso de su "ingreso oculto" para pagar sus 1.000$ +/mes adicionales

Si ha llegado a este punto, podría estar diciendo: "Esto es bueno y todo, pero ¿dónde encuentro el dinero para pagar las cuentas?"

Aquí hay cuatro cosas recomendadas:

1. Utilice el dinero que ha hecho en el Paso 4.

2. Haga uso del dinero que ha ganado de un Plan de Gastos Conscientes.

3. Profundice en el ingreso oculto.

4. Gane mucho dinero.

Secretos para salir de la deuda

La deuda puede atascarlo y dificulta que una persona viva una gran vida. Si está cansado de luchar para pagar su deuda, aquí hay algunos secretos para ayudarlo a salir de la deuda:

1. Soñar despierto puede ayudarlo a salir de deudas

Soñar despierto es una gran manera de salir de la deuda. Obviamente, no querrá pasar todo el tiempo fantaseando, pero si puede pasar unos minutos imaginando los saldos de su tarjeta de crédito a cero, puede funcionar de maravilla.

La meditación consciente puede ayudar a reducir su presión arterial y permitirle desarrollar una mentalidad positiva acerca de la eliminación de la deuda, esto puede ser útil para tomar la acción.

2. Diga no a los cargos por pago atrasado, y esto aumentará sus oportunidades de salir de la deuda

La cantidad de efectivo que se bombea en los cargos por demora puede dañar sus esfuerzos para liquidar su deuda. Si es posible, puede poner fin al pago de cuotas por demora. Si mantener un registro de la fecha de vencimiento de sus facturas es difícil, entonces debe considerar utilizar una aplicación como *Check*, que le notificará cuándo es el momento adecuado para pagar.

3. Confirme sus saldos todos los días

Esto puede parecer una exageración, pero no lo es. Los recordatorios rápidos deben ser su mejor apuesta para salir de la deuda. Si solo verifica sus saldos una vez al mes cuando paga sus facturas, después de unos días, la verdad de su deuda puede comenzar a desaparecer en su mente. Luego, cuando surge una posibilidad de gasto, es probable que muerda el anzuelo y se endeude más.

Todos los días cuando se levante, tómese el tiempo para revisar la condición de su deuda. El verlo tal como es lo alentará a atenerse a su presupuesto y a ver cómo se liquida su deuda.

4. Declare sus planes para salir de deudas

Hable con sus amigos y familiares sobre sus planes para liquidar la deuda. Dígales que sigan preguntando sobre su deuda.

5. Plan para convertirse en un hogar de un solo automóvil

Si tiene dos autos, planee eliminar uno y camine mientras va al trabajo o comparta el viaje. Es posible que se sorprenda al saber que estos pequeños hábitos pueden ahorrarle miles de dólares cada año utilizando un solo automóvil. El propietario promedio de un vehículo gasta más de 9.000$ al año para mantener su vehículo.

6. Tener dos trabajos para ayudar a pagar su deuda rápidamente

Encontrar un segundo trabajo, o seleccionar regularmente un turno extra o dos, es una forma rápida para que las personas acaben con su deuda, sin embargo, esta estrategia no se aplica a todos, pero si puede lograr que funcione, puede liberarse de la deuda en unos pocos años. Para que esto ocurra, debe utilizar todos sus ingresos adicionales para pagar su deuda. Trabajar horas extras no tiene que ser permanente: una vez que haya saldado sus deudas, puede considerar volver a reducirlas.

También puede pensar en crear un ingreso adicional para liquidar su deuda aprovechando un pasatiempo que le guste, o incluso un conjunto de habilidades que le gusten. Por ejemplo, si sabe cómo escribir, puede probar el trabajo independiente para periódicos, medios de comunicación y blogs en sitios independientes. Si le gusta la elaboración, usted puede pensar en vender su trabajo en Etsy. Si es bueno en el trabajo práctico, puede buscar un sitio que le ayude a vincularlo con personas que requieran habilidades adicionales.

7. Refinanciar su hipoteca

Si tiene una hipoteca, es posible que tenga suficiente capital para fusionar todas sus deudas hipotecarias. Si no tiene suficiente capital en su casa, los costos adicionales de la hipoteca pueden ser costosos. Solo asegúrese de revisar todas las opciones y buscar consejos de otra persona además de su prestamista. Si un banco normal no es suficiente para ayudarlo, no busque rápidamente la primera empresa de financiamiento con garantía hipotecaria que esté lista para proporcionarle dinero. Sin embargo, primero debe entablar una conversación con un asesor de crédito certificado y sin fines de lucro. Es posible que tenga excelentes opciones además de refinanciar su casa de las que no está al tanto. Ellos pueden ayudarlo a revisar todas las opciones disponibles y desarrollar el mejor plan para llevarlo hacia adelante y cumplir sus objetivos financieros.

Si logra refinanciar su casa y fusionar deudas con su hipoteca, es posible que deba comenzar a pensar en una nueva hipoteca. Es muy importante que se asegure de que sus gastos estén dentro de sus ingresos. Tener un presupuesto que siga es la mejor manera de hacer esto y asignar dinero a cada ahorro mensual. Si no ahorra dinero, podría verse tentado a pedir más cuando surjan "emergencias".

8. Evite pagar al por menor

Haga que su objetivo sea salir de la deuda y evitar pagar un precio completo. Siempre busque una ganga para todas sus compras, y si no obtiene buen precio con las marcas, los genéricos son otra opción.

Puede ahorrar enormes ingresos que se pueden canalizar para eliminar las deudas solicitando comparaciones de precios, compras y cupones de tiendas que se encuentran a través de aplicaciones para teléfonos inteligentes.

9. Tener cuentas en dos bancos diferentes

Dividir y conquistar funciona mágicamente cuando desea pagar su deuda. Asigne suficiente dinero en su cuenta corriente diaria para hacer frente a los gastos diarios y mensuales. Obtenga una cuenta diferente para aportar el dinero de su deuda, como un banco en línea.

Evite llevar la tarjeta de débito para una cuenta de deuda para no usar el dinero para compras diarias. Pague su deuda solo de esa cuenta.

Usando la ley de atracción para salir de deudas

Si piensa positivamente en convertirse en libre de deudas, entonces la "ley de atracción" puede ayudarlo a alcanzar sus metas. Puede preguntarse si solo necesita pensar positivamente como el único método para pagar su deuda, o incluso si la ley de atracción es un medio práctico para evitar la acumulación de deuda.

Si este será su primer encuentro con la ley de la atracción o si lo ha estado practicando antes, el secreto es que lo ayudará a desarrollar la mentalidad correcta para liberarse de las deudas.

Tenga en cuenta que todo en el mundo es energía. Cada elemento en el mundo tiene su energía vibratoria única. Los seres humanos tienen una frecuencia vibratoria, el dinero tiene una frecuencia vibratoria e incluso la deuda tiene una frecuencia vibratoria. Mientras coincida con la frecuencia vibratoria de los objetos, los acercará más a usted.

Si tiene una deuda, entonces tiene que coincidir con la frecuencia vibratoria de la deuda. Es posible que aún deba cambiar la frecuencia de vibración para que pueda ser igual a estar libre de deudas y coincidir con la frecuencia del dinero.

Cómo puede cambiar su frecuencia vibratoria

1. Los pensamientos

Existe una alta probabilidad de que pase una buena cantidad de tiempo pensando en la deuda que tiene. Usted podría estar preguntándose cómo y cuándo logrará eliminarla. Esto es lo peor que puede hacer porque va a endeudarse mucho con usted. Cada vez que estos pensamientos lleguen a usted, cambiará su vibración a la de estar en deuda.

Todos sus pensamientos son normalmente auto-cumplidos. El proceso de pensar que está endeudado hace que usted aplique la ley de atracción para mantenerse endeudado.

Deje de concentrarse en las deudas y comience a pensar en lo que quiere lograr: seguridad financiera, libertad, excelente crédito y suficiente dinero para comprar lo que quiera.

También debe dejar de concentrarse en la deuda que tiene porque puede desalentarlo.

2. Sus sentimientos

¿Sabía que sus sentimientos pueden crear?

Sí, sus sentimientos pueden mostrar lo que está construyendo en la vida en cualquier momento. Sus sentimientos le permitirán implementar la ley de atracción para salir de la deuda.

Cuando se siente bien, usted estará en su manera de estar libre de deuda. Un montón de dinero y oportunidades vendrán a usted para pagar la deuda.

No puede asumir que se sentirá mejor una vez que esté libre de deudas. Es necesario para sentirse bien en este momento para que la ley de la atracción pueda liberarlo de la deuda. Primero, siéntase bien, y las cosas mejorarán.

Cuando está abrumado o incluso decepcionado, puede ver todo tipo de problemas. Cuando se sienta feliz, alegre, y elevado, verá las oportunidades y los pasos que usted puede hacer para cambiar su deuda.

3. La energía del corazón

Este es un poderoso método que se puede usar para salir de la deuda rápidamente. El método requiere que usted envíe energía del corazón a cada persona que debe dinero.

Envíelo a cada persona que trabaja en su compañía de tarjeta de crédito y el banco.

Envíelo a cada persona en la tienda cuando compre ropa, comestibles y mucho más.

Mire cada factura que le llega, ya que está rodeado por la energía del corazón.

Lo más importante es enviar la energía del corazón al dinero que le llega. Atraerá dinero como un imán.

4. Celebrar

Este es el momento de empezar a celebrar cuando lo logre. Ya sea saltando de felicidad, o incluso agradeciéndose a usted mismo, disfrute de que su deuda está pagada.

Disfrute del poco éxito que experimenta a medida que paga cada deuda y comience a poner su cabeza fuera del agua.

Cambiará su vibración a una en la que esté libre de deudas cada vez que lo haga. Es simple aplicar la ley de atracción para saltar de la deuda.

Dónde encontrar dinero

Si tiene dificultades para compensar los saldos de sus tarjetas de crédito, es posible que deba considerar formas alternativas, si es posible, algo para ganar algo de dinero extra. Si no conoce lugares a los que puede recurrir para obtener ingresos adicionales, no se preocupe, puede hacer dinero en línea usando la menor cantidad de esfuerzo.

Veamos algunos de los métodos que puede aplicar para ganar dinero en línea:

1. Mechanical Turk

Si quiere generar algo de dinero haciendo pequeñas tareas, Mechanical Turk puede ser la mejor manera de hacerlo. Amazon potencia este sitio y permite a los clientes publicar tareas sencillas con instrucciones breves, que incluyen transcripciones, encuestas, grabaciones de audio y mucho más. La mayoría de estas tareas pagan una pequeña cantidad de efectivo, pero la tarea es fácil de completar. Además, lleva poco tiempo y el proceso de registro es rápido y fácil.

2. EBay

Este es un gran sitio para hacer algunos ingresos pasivos. Aquí, usted puede vender lo que quiera y generar un dinero extra para pagar sus deudas. No necesita mucho esfuerzo, simplemente obtiene productos o incluso crea productos que cree que la gente disfrutará comprando. Una vez que tenga ideas sobre las cosas que quiere vender, se dará cuenta de que puede ganar más dinero y pagar todas sus facturas mensuales.

3. Swagbucks

Para Swagbucks, tiene la oportunidad de ganar dinero haciendo lo que tal vez hace durante muchas horas, navegando por Internet. Si crea una cuenta de Swagbucks, recibirá puntos por realizar tareas sencillas como comprar en línea, ver videos populares y completar encuestas dentro de la aplicación. Una vez que haya acumulado suficientes Swagbucks, puede pasar a canjear los puntos en efectivo. Este es un método fácil para convertir sus hábitos de navegación diarios en un medio de ganar dinero para liquidar su deuda de tarjeta de crédito rápidamente.

4. Ibotta

Si bien puede concentrarse en pagar las deudas de sus tarjetas de crédito, aún necesitará comer y comprar cosas. Ibotta puede ayudarlo a cambiar sus viajes de compras a dinero fácil y pagar sus deudas. La aplicación le proporcionará miles de reembolsos por artículos comunes comprados, solo compre un artículo, escanee el recibo y el código de barras del artículo en su teléfono inteligente y deje que Ibotta acredite su cuenta con el reembolso. Una vez que gane 20$ o más, puede transferir el dinero a su cuenta de PayPal o banco. Esta aplicación tiene diferentes características que le permitirán ganar dinero extra cada mes, y siempre ofrecerá reembolsos en efectivo para escanear un recibo de compra en la aplicación.

5. HQ Trivia

Hacer algo de dinero extra en línea es un poco fácil, especialmente cuando obtiene una cuenta con HQ Trivia. Este es un gran juego en línea. Cuando cree una cuenta y juegue, ganará dinero por responder correctamente las preguntas de trivia del juego. Mientras acumula efectivo en el juego, puede transferirlo fácilmente a su cuenta de PayPal.

6. Acorns

Acorn es una empresa de microinversión que crea una cuenta de inversión para usted. Esta cuenta lo vinculará con una o incluso más tarjetas de crédito. Una vez que compre con la tarjeta de crédito, Acorn lo redondeará al dólar más cercano y transferirá el monto a su cuenta de inversión. El dinero que Acorn invierte varía según el riesgo de inversión que desee asumir. Con el tiempo, puede acumular un valor específico en su cuenta Acorns y asegurarse de pagar todas sus deudas.

7. Craigslist

Este sitio presenta "trabajos y oportunidades" donde puede encontrar múltiples métodos para ganar dinero adicional para pagar sus deudas. Hará de todo, desde trabajos ocasionales en la casa hasta tareas que requieran habilidades específicas como enfermería, ingeniería de software y bienes raíces.

Aun así, puede usarlo con otros métodos para obtener trabajo de tutoría, y así sucesivamente.

¿Cuánto debería pagar por sus deudas?

Todos odian estar endeudados, pero el hecho es que casi todos tienen algo de deuda. Su objetivo debe ser tener la menor cantidad de deuda posible para que pueda ahorrar y quedarse con mucho dinero. El reto es cómo llegar allí. Usted debe tener expectativas realistas y disciplina. Puede experimentar paz mental en la medida en que está en gran forma.

Las sugerencias son muy diferentes en cuanto a la cantidad de deuda que una persona tiene que tener y encontrar su estado perfecto puede llevarle tiempo si tiene una deuda grande. Las recomendaciones sobre la cantidad de ingresos que deben destinarse a las facturas y las deudas le proporcionarán las bases para tomar el control de sus deudas.

El presupuesto de ingresos netos

Para tener una idea clara de la cantidad de dinero que necesita gastar, debe aplicar su ingreso neto o después de impuestos para decidir el porcentaje que debe destinarse a sus deudas. Según Liz Weston, un gurú de las finanzas personales para el dinero de MSN, los individuos reservan el 50% de sus ingresos netos para las necesidades de la vida, incluidas las hipotecas, el alquiler, los servicios públicos, el transporte y los pagos mínimos de tarjetas de crédito y préstamos. Luego, el 30% de los ingresos se destina a entretenimiento y otros requisitos del plan presupuestario de Weston. El otro 20% se dirige a ahorros, pagos adicionales, fondos de jubilación y pagos para reducir el porcentaje de deudas.

La relación deuda-ingreso

Si va al banco y solicita un préstamo, una de las primeras cosas que querrán ver antes de que puedan otorgarle el préstamo es su "relación deuda-ingreso". Los bancos exigen que los pagos mensuales de su deuda no superen el 36% de su ingreso mensual bruto. Por lo general, tiene que ser aproximadamente el 10%, pero si es inferior al 20%, todavía se encuentra en buen estado. En otras palabras, el dinero que pagará cada mes por la hipoteca, incluidos los pagos con tarjeta de crédito, los impuestos y el seguro no debe exceder el 36%. Antes de que pueda comenzar a sentirse asustado, tenga en cuenta que el cálculo está en su ingreso bruto y no en el dinero que lleva a casa. La cantidad restante tiene que dar cuenta de los servicios públicos, gastos de manutención, entretenimiento, ropa y comida.

Deuda hipotecaria

Su hipoteca mensual, incluidos sus impuestos y seguro, debe ser superior al 28% de su ingreso bruto mensual. Esto significa que, si gana 4.000$ al mes, su deuda hipotecaria mensual no debe ser más de 1.440$.

Deuda de tarjeta de crédito

A menos que haga un plan para pagar sus deudas de tarjetas de crédito al final de cada mes, pueden ser un gran problema en sus finanzas. Pero tendrá que levantarse y aceptarlo. Despeje las deudas lo antes posible. Una vez que pague, asegúrese de que solo cobra lo que pueda pagar cuando llegue el estado de cuenta. Esta es la razón: el interés que se cobra en las tarjetas de crédito es alto, y todo el dinero que está pagando en intereses se puede usar en otro lugar para algo importante.

Otras sugerencias

Según el sitio de SmartMoney, la Junta de la Reserva Federal de EE. UU. considera que una persona está en una crisis financiera si las obligaciones de deuda son más del 40% del ingreso bruto, sin embargo, el sitio web también advierte a aquellos con una deuda de más del 30%. El sitio web dice que solo puede tener el 20% de sus ingresos para pagar los impuestos cuando el 25% se consume en deudas.

Dado que el asesoramiento sobre la gestión de la deuda es diferente de una persona a otra, por lo general es difícil saber qué parte de su salario debe destinarse para liquidar su (s) deuda (s). Sin embargo, lo último es ayudarlo a continuar reduciendo su deuda y aumentar sus ahorros. Como resultado, la mejor técnica recomendada es elegir un plan que pueda seguir y medir su éxito usando ese plan después de varios meses. Ajuste el plan tanto como sea necesario para reducir sus deudas y aumentar sus ahorros.

Cree un plan de liquidación de deudas con el que pueda mantenerse

Si desea liquidar todas sus deudas, debe saber cómo crear un gran plan de cancelación de deuda con el que puede atenerse. Aquí hay una guía paso a paso para ayudarlo a liquidar sus deudas:

Saber su porqué

Por mucho, este es el paso más importante, y no solo se aplica al pago de deudas, sino también a muchas otras cosas que desea lograr en la vida. En el libro *Los 7 hábitos de las personas altamente efectivas* de Steven Covey, se analiza este paso.

Los objetivos que usted se fija en la vida le permiten priorizar muchas cosas. Darse tiempo para encontrar razones para explicar por qué está haciendo algo hace que sea más fácil seguir adelante. Lo más importante, algo que necesita mucho autocontrol, como el pago de la deuda. Mantener su porqué en mente le otorgará la capacidad de superar los diferentes desafíos. Además, lo ayudará a crear un plan de pago de la deuda que comprende todos sus objetivos.

Aprender su porqué y desarrollar una imagen de lo que desea alcanzar y ser en la vida es el aspecto principal de fomentar buenos hábitos nuevos y defenderlos.

Dependiendo de su motivo, puede decidir pagar todas sus deudas, y una vez que haya pagado todas sus deudas, tome la decisión de no acumular ninguna otra deuda. Tenga en cuenta que es imposible salir de la deuda si continúa gastando de más.

Entienda todas sus deudas

Antes de que pueda comenzar a crear su enfoque de pago de deudas, necesita entender con qué está trabajando. Comience por crear una lista de todas las deudas que debe. Esto debe incluir todas sus tarjetas de crédito, préstamos estudiantiles, etc.

Junto a cada artículo, escriba la tasa de interés, el saldo actual, el pago mínimo adeudado y la fecha de pago esperada, esta fecha es importante para recordarle cuánto tiempo tiene antes de que caduque.

Ahora que tiene una visión general de cuáles son sus deudas, puede llegar a una decisión firme sobre sus planes con la deuda. Dependiendo de sus objetivos establecidos, puede decidir pagar algunas de sus deudas lentamente para que tenga suficiente flexibilidad.

Cree un presupuesto realista

Hasta ahora, ya sabe mucho sobre sus deudas, es hora de echar un vistazo a sus gastos actuales en la vida. Esto significa que debe tener un presupuesto. Por suerte, tiene uno.

Su presupuesto debe incluir sus gastos de vida actuales, como comestibles, mantenimiento de automóviles y ropa, también incluye comida para perros, regalos, etc.

Cuando el presupuesto es realista, es probable que se quede con él, y esto beneficiará su plan de pago de la deuda. Considérelo de esta manera: si conoce la cantidad de dinero que gasta y decide no gastar en ciertas áreas durante los próximos seis meses, se ahorrará mucho dinero.

Cuando recorta su presupuesto, ahorra dinero, que luego puede usar para pagar su deuda. En otras palabras, tener un presupuesto realista y mantenerlo le beneficiará enormemente a largo plazo.

Determine la cantidad que le queda para pagar su deuda

En esta etapa, ya sabe cómo aparece su deuda, y conoce el efectivo adicional que tiene para canalizarlo hacia el pago de la deuda.

Tome una decisión rápida de qué tan rápido quiere borrar su deuda

En este punto, tiene todo para ayudarlo a decidir qué debe hacer para pagar su deuda. Puede decidir no cambiar nada sobre su estilo de vida actual y simplemente saldar su deuda en función del dinero extra que le permita tener en su presupuesto. Por otro lado, puede decidir recortar su presupuesto y solicitar un trabajo adicional para que pueda obtener ingresos adicionales para pagar la deuda.

La respuesta real a la rapidez con la que desea eliminar todas sus deudas depende de la rapidez con la que desee alcanzar sus objetivos financieros y de vida.

Decida qué deudas quiere terminar primero

Hay dos métodos populares utilizados en el pago de la deuda:

"Bola de nieve", donde usted paga deudas comenzando con la más pequeña. El concepto detrás de este método es que las pequeñas ganancias le rejuvenecerán para continuar pagando sus deudas; y "Avalancha de deuda", donde tiene que pagar su deuda comenzando con las deudas de mayor interés y luego bajando a la menor. La ventaja de este método es que terminará pagando menos intereses a medida que pase el tiempo.

Automatice sus finanzas

Dado que tiene su estrategia de pago de deudas en su lugar, querrá que sea lo más fácil posible para usted. Una forma de hacerlo es automatizando sus finanzas.

Su gasto debe incluir suficiente dinero para hacer frente a sus facturas mensuales, esto debe formar parte de la cantidad adicional que dirige a las deudas. La cuenta que utiliza para comprar cosas debe estar vinculada a la tarjeta de débito que aplica a sus compras discrecionales, como el gas y los alimentos.

Si puede, deje que su empleador divida su cheque de pago antes de depositarlo en su cuenta. Si un empleador no le brinda la opción, implemente una transferencia automática a través de su banco.

Al aplicar una técnica de no intervención en su plan de pago de deudas, comienza a disminuir cada mes. Sus metas se harán realidad mientras se concentra en sus actividades diarias. Aún tendrá que mirar sus facturas y presupuesto para asegurarse de que se mantiene en el camino.

Cuatro formas de protegerse de lo inesperado

No dé cabida a gastos inesperados para dañar sus planes financieros.

Cuando se trata de gastos inesperados, como facturas médicas y reparaciones de automóviles, muchos de nosotros no estamos preparados. Y cuando una crisis financiera, como la pérdida de un empleo, se agrava, muchos de nosotros estamos menos preparados. Según un estudio realizado por Pew Charitable Trusts en 2015, la mitad de los estadounidenses no están preparados para una crisis financiera o un evento inesperado. Otro estudio realizado por Pew descubrió que el 55% de los hogares estadounidenses no tienen ahorros en efectivo para atender un ingreso de un mes. Si bien temer lo inesperado lo mantendrá despierto por la noche, a continuación, se detallan algunos pasos que debe implementar para asegurar sus finanzas:

1. Entender la condición de sus finanzas actuales

Es imposible planificar sus finanzas cuando no tiene una comprensión clara de sus ingresos y gastos. Primero, debe definir su ingreso mensual promedio, incluido el dinero adicional que gane. Luego resuma su gasto mensual promedio, esto debería incluir todo: su préstamo estudiantil, pago de automóvil, entretenimiento y pasatiempos. Si su ingreso es más alto que sus gastos, la diferencia es lo que puede ahorrar para lo inesperado. En caso de que sus gastos sean más altos que sus ingresos, tendrá que examinar sus finanzas e identificar métodos para reducir sus gastos.

2. Establecer una deuda de emergencia

Una vez que desarrolle una imagen clara de sus finanzas, puede calcular lo menos que necesite cada mes para manejar sus gastos. Puede comenzar por priorizar sus facturas. Examine sus costos y resuma sus facturas mensuales. Estas son las facturas que usted tiene que pagar cada mes, como la hipoteca, comestibles, servicios públicos y muchos más. A continuación, debe describir sus gastos opcionales, por ejemplo, una membresía de gimnasio, comer, TV y Netflix. La cantidad total de sus necesidades es lo que necesita cada mes.

Evalúe sus gastos opcionales y averigüe si hay algo que pueda reducir. En lugar de salir todos los días a comer, puede cambiar y aplicar una opción diferente. Si puede comprender estos y muchos otros mitos de la deuda, ganará la confianza para tomar mejores decisiones financieras hoy que pueden tener un impacto en el futuro.

Capítulo 3: Ahorrando dinero

Todos tenemos fuertes razones para ahorrar dinero. Nos gusta decir que comenzaremos a ahorrar una vez que alcancemos un hito específico, por ejemplo, cuando alcanzamos cierta edad o recibimos un incremento salarial, o cuando los niños se mudan.

Sin embargo, la verdad es que solo puede comenzar a ahorrar cuando desarrolla hábitos de dinero saludables y sus necesidades futuras son más críticas que sus deseos.

No tenga miedo, no es tan difícil como parece. Con algunos cambios en sus métodos de gasto, estará en el camino correcto para ahorrar dinero.

¿Por qué no muchos estadounidenses ahorran dinero?

Todos saben que necesitan ahorrar algo de dinero por cada ingreso que obtienen, pero muchas personas no ahorran con el conocimiento con el que se supone que deben ahorrar. Según un informe publicado por la Reserva Federal, aproximadamente el 40% de los estadounidenses tienen el desafío de cubrir una emergencia de 400$. La razón es que tienen objetivos en competencia.

En la mayoría de los casos, el propósito de ahorrar dinero no es una prioridad lo suficientemente grande como para ralentizar la compra de un nuevo teléfono inteligente, televisor o mesa de cocina. En otras palabras, la mayoría de las personas gastan su dinero o se endeudan para comprar lo último que desean. Esta deuda luego se convierte en un pago mensual que puede afectar los cheques y las vidas.

Bueno, ¿cuál es el objetivo de ahorrar dinero?

Puede eliminar el hábito de vivir dependiendo de un sueldo aplicando un secreto simple: cree un presupuesto de base cero antes de que comience el mes. Un presupuesto requiere que una persona se vuelva intencional.

Ayuda a una persona a construir un plan e identificar dónde fluye el dinero y cuánto puede ahorrar cada mes. Nunca es demasiado tarde para tomar el control de su dinero.

Razones por las que debes considerar ahorrar dinero

Ahora que es muy fácil obtener crédito, puede preguntar por qué una persona puede preferir ahorrar dinero y realizar una compra con dinero real. Si desea un determinado producto, retire su tarjeta de crédito y pague con una tarjeta de débito. Sin embargo, si sabe que puede pagar el crédito a fin de mes, ¿cuál es el problema? Es desafortunado que muchas personas estén aceptando esta idea. A continuación, se muestran algunas de las razones por las que necesita ahorrar:

1. Para independizarse financieramente

Las métricas para hacerse rico se basan en con quién habla. Ser económicamente independiente puede referirse a la capacidad de irse de vacaciones en cualquier momento que desee, abandonar el trabajo y regresar a la escuela para cambiar de carrera, o incluso invertir en el negocio inicial de otra persona. Esto también puede significar aceptar un trabajo menor con el que se siente satisfecho financieramente, o retirarse cuando quiera en lugar de trabajar porque no tiene otra opción.

La independencia financiera es diferente de ser rico. Tener ahorros en los que puede confiar es lo que muestra cuán "rico" es, independientemente de cómo lo defina.

2. Ahorre 50% en cualquier cosa que compre

Si usa su crédito para comprar productos y se demora para pagar el crédito al final del mes, entonces quizás esté pagando un interés más alto por la tardanza. Es importante dejar de confiar en las tarjetas de crédito si desea ahorrar. Los ahorros le permitirán comprar artículos cuando se ponen a la venta y dedican tiempo a tomar mejores decisiones. Cuando compra productos con dinero real, tiende a ahorrar alrededor del 50% de lo que podría haber pagado como intereses a las compañías de tarjetas de crédito.

3. Compre un carro

Antes de poder comprar un auto nuevo, primero debe hacer un pago inicial para poder obtener una tasa de interés asequible. Si bien puede obtener este dinero de su tarjeta de crédito, el interés cobrado es un poco alto. Sin embargo, cuando ahorra algo de dinero, puede usarlo para hacer un pago inicial que le permitirá reducir los intereses que tendrá que pagar.

4. Compre una casa

Es difícil para un banco ofrecerle algo de efectivo para comprar una casa si no paga un anticipo, y no se le permite pedir un préstamo. Necesita que este dinero se conserve, se guarde o que una persona lo ayude, pero no le preste. Un pago inicial debe ser aproximadamente el 5% del precio de compra de la casa, y luego el banco decidirá si le presta el 95% restante. Hay diferentes costos y tarifas que debe pagar cuando compra una casa, eso significa que necesita un 5% extra para esos gastos.

5. Emergencias

Aunque seguimos siendo optimistas de que no surgirán emergencias, la verdad es que sí ocurren. Un miembro de la familia puede desarrollar un problema de salud que puede requerir un viaje de emergencia al hospital, o puede ocurrir un accidente, el mal tiempo puede inundar y romper las tuberías, o puede que tenga que tomar un vuelo para asistir al funeral de un ser querido. Este tipo de emergencias son bastante caras, esa es la razón por la cual es importante estar preparado.

6. Usted puede perder su trabajo

Al tener buenos momentos, todos creen que su trabajo está protegido, pero en los días malos, muchos comienzan a comprender que a alguien le pueden ocurrir cosas malas. Puede despertar y perder su trabajo o incluso experimentar un accidente. El seguro de empleo (EI) comienza a afectarle después de seis semanas. Esa es la razón por la que necesita tener algunos ahorros. Si no tiene ningún ahorro, tendrá que usar una tarjeta de crédito que será más costosa.

7. Tener una vida mejor

Hay muchos efectos emocionales, físicos y psicológicos que ocurren cuando se vive una vida estresante.

Hay algo de verdad en el dicho de que la felicidad también proviene de la organización. Hay mucho en su futuro que no se aplica a sus gastos, sino que simplemente se organiza y se encarga de su futuro.

8. Gastos imprevistos

¿Qué hará en caso de que su auto requiera reparaciones significativas? ¿Es usted capaz de recaudar 500-3.000 al instante? Supongamos que su casa necesita una renovación importante, ¿puede usted esperar que el banco le dé algo de efectivo por todas estas cosas?

No espere nada, comience hoy reservando un poco de dinero cada vez que reciba un pago hasta que tenga un fondo de ahorro de emergencia de entre 500$ y 1000$.

¿Cómo ganar dinero mientras duerme?

Puede ahorrar toneladas de dinero en su vida diaria desde la negociación de facturas hasta limitar sus gastos. Incluso mientras duerme, puede seguir ahorrando dinero.

Apagar los enchufes

Además de la nevera, el congelador y el despertador, no hay nada que deba dejar enchufado durante la noche. Antes de dirigirse a la tierra del sueño, eche un vistazo alrededor y asegúrese de que todo esté apagado o desenchufado.

Haga de esto su rutina nocturna. Camine de una habitación a otra para asegurarse de que el hervidor, el microondas, la tostadora, el reproductor de DVD y la TV estén apagados.

Puede que no parezca un gran ahorro, pero a lo largo del año, hará una diferencia.

Sin oportunidad de comprar

Todos han hecho esto. Al final de la noche, cuando parece que no hay nada en la televisión, comienza a navegar en Internet y visita sus tiendas en línea favoritas. Es durante este momento que pide esos pantalones, reserva unas vacaciones y muchas otras cosas.

Si no hay nada en la televisión, o no tiene nada que hacer, vaya a la cama temprano. Si está profundamente dormido, no tendrá medios para gastar dinero y lo protegerá de gastos innecesarios.

Revise los grifos

¿Alguna vez ha estado descansando en la cama cuando escucha el sonido de un grifo que gotea en su casa? En lugar de seguir disfrutando de su sueño, levántese y resuélvalo. El sonido de un grifo que gotea no solo es muy molesto, sino que también significa tirar el dinero por el desagüe.

Una vez que cierra el grifo, puede dormir tranquilo sin distracciones mientras sabe que sus facturas de agua no se verán afectadas.

Va a comer poco

Cuando duerma bien por la noche, no solo se sentirá fresco por la mañana, sino que también le ayudará a comer con eficacia. En otras palabras, una mejor noche de sueño le permitirá ahorrar dinero en el costo de los alimentos.

Una investigación realizada por la Universidad de Chicago descubrió que los sujetos que decidieron dormir durante solo cuatro horas durante dos noches tuvieron una disminución del 18% en la leptina, una hormona que envía la señal al cerebro de que no hay más alimento y un 28% Incremento en la grelina, una hormona que activa el hambre.

En otras palabras, dormir lo suficiente implica comer menos comida.

El mito de los asesores financieros

Cuando considera la idea de un "asesor financiero", ¿se imagina a una persona rica descansando en una oficina elegante? Muchas personas lo hacen, y las personas ricas tienden a contratar asesores financieros para ayudarlos a administrar sus finanzas. Sin embargo, los asesores financieros no están destinados solo para los ricos.

Si no es rico, puede pensar que está haciendo todo bien para administrar sus finanzas, incluso ahorrar cada mes y reservar dinero para su plan de jubilación. Esto es un gran comienzo, sin embargo, eso no es suficiente. Tener un profesional puede volverse crítico si no tiene mucho dinero para trabajar.

Los administradores de cartera con experiencia y los funcionarios retirados pueden ayudarle a ahorrar e invertir dinero. Tal vez sea hora de pensar en escuchar lo que dicen los expertos.

Hay momentos en la vida en los que necesita de un experto. Tal vez usted heredó una gran suma de efectivo, o recibió una liquidación de cierto tamaño. Incluso puede haber ganado la lotería. Usted entiende que administrar una gran suma de efectivo no está hecho para los aficionados. ¿Qué pasa si todo lo que viene a su cuenta bancaria es su sueldo mensual? ¿Necesita un experto financiero? Quizás debería hacerse las siguientes preguntas:

- ¿Tiene hijos a punto de ir a la universidad?
- ¿Planea casarse pronto o está divorciado recientemente?
- ¿Prefiere comenzar un negocio?
- ¿Planea jubilarse en un momento determinado?
- ¿Se siente ansioso por su futuro financiero?

Si dijo "sí" a cualquiera de las preguntas anteriores, considere buscar ayuda.

Los diez mitos sobre los asesores financieros

Wall Street tiene un estilo de mercadeo sofisticado que lo persuadirá para comprar sus productos, asesoramiento financiero y servicios. Una técnica es tomar el control de sus activos.

Hay hechos y mitos. Como verá, los mitos generan un riesgo sustancial cuando elige asesores financieros y los implementa. Cuanto más conozca los mitos, más preparado estará para asegurar sus intereses financieros:

1. Asesores financieros, representantes de ventas y planificadores son todos iguales

Esto simplemente no es cierto. Hay una gran diferencia en los servicios basados en la calidad, la educación, las certificaciones, los registros de cumplimiento, los conflictos de intereses y otras consideraciones esenciales. Esta diferencia crea un riesgo financiero significativo cuando elige un asesor.

2. Los expertos deben tener la menor cantidad de experiencia antes de poder brindar asesoramiento financiero

La realidad es que no hay requisitos mínimos de experiencia para los asesores. Pueden comenzar a vender servicios y productos financieros el mismo día que obtienen sus licencias.

3. Los asesores deben tener un título universitario

No hay una calificación mínima de educación para los asesores.

4. Los asesores deben tener un registro limpio de cumplimiento para vender servicios financieros, productos y asesoramiento

Un asesor financiero puede tener numerosas quejas en sus registros y aun así obtener las licencias actuales.

5. Hay requisitos mínimos para considerarse usted mismo un planificador financiero

Esto tampoco es cierto, cualquier persona puede convertirse en un planificador financiero sin importar si tiene la experiencia requerida o no.

6. Los asesores que trabajan para las empresas principales tienen opciones más seguras que los que trabajan para empresas más pequeñas

Las grandes compañías pagan miles de millones de dólares como multa por engañar a los inversores. Las grandes empresas tienen múltiples conflictos de intereses ocultos.

---

7. Los asesores que reciben una compensación con comisiones ofrecen asesoramiento y servicios "gratuitos"

No existe nada como asesoramiento gratuito y servicios gratuitos. Los asesores reciben comisiones por vender productos de inversión y seguros. Las compañías que generan productos establecen las tarifas que cobran, o agregan cargos de ventas diferidos para compensar las comisiones que reciben.

8. Los expertos financieros de mayor edad tienen más experiencia que los asesores jóvenes

Las compañías de Wall Street suponen que los antiguos asesores tienen más experiencia. Como resultado, buscan asesores mayores para construir la noción de experiencia. Esta es la mala práctica de ventas.

La administración de la riqueza no es solo para los ricos

La inversión y la gestión de la riqueza no están destinadas a personas como Robert Kuok, que se considera entre las personas más ricas de Malasia con activos por un valor de 12 mil millones de dólares. Es importante que las personas de mediana edad planifiquen la jubilación y que las parejas jóvenes se preparen para la educación de sus hijos.

Por lo general, una administración rica implica una combinación de inversión y planificación financiera. La inversión se refiere a la práctica de convertir inversiones proporcionales en bonos, que involucran la selección de valores, la selección de la combinación de activos y el monitoreo.

Por otro lado, la planificación financiera describe la ciencia de la organización de problemas económicos, tales como gastos, testamentos, planificación patrimonial, seguros y préstamos. Ambos tienen un objetivo similar de realizar objetivos personales.

Con el propósito de acumular y preservar, los expertos en patrimonio implementan un plan financiero basado en las necesidades del individuo. Como resultado, es razonable incluir todos los aspectos de las necesidades financieras y el estado para construir una estructura eficiente de administración del dinero.

Cuando se hace correctamente, se pueden reducir los riesgos de inversión, gastos innecesarios, impuestos, mejorar los rendimientos financieros y aumentar los activos. Es necesario para permitir el uso eficiente de los activos durante la vida de una persona y la transferencia de activos al momento de la muerte.

¿Por qué la administración de la riqueza no es solo para los ricos?

Administrar su efectivo le permite comprender la forma en que puede invertir y ahorrar para cumplir diferentes objetivos financieros. Esto le ayudará a preservar la riqueza y controlar sus gastos.

Jubilación sostenible

Todos deben tener un plan de jubilación, ya sea que trabajen en el sector público o trabajen por cuenta propia. Según una encuesta realizada por el Ministerio de Recursos Humanos, aproximadamente el 14% de los jubilados terminan sus ahorros dentro de los primeros tres años de jubilación, el 5% dentro de los cinco años y el 70% dentro de los diez años.

Para disfrutar de su jubilación, necesita tener ahorros suficientes para hacerse cargo de sus gastos y generar flujos de ingresos pasivos.

Un experto en gestión de patrimonios le asesorará sobre los mejores métodos para ahorrar para su futuro. Si no está inscrito en la pensión, puede comenzar a ahorrar para su jubilación utilizando un plan de jubilación privado.

Ahorre para la educación de sus hijos

No hay mayor regalo que educar a sus hijos. El costo de la educación puede ser un poco alto en las universidades privadas, por lo que debe tener algunos ahorros.

Para que usted ahorre y gane el dinero suficiente para satisfacer las necesidades educativas de sus hijos, debe considerar varias inversiones que se ajusten a sus necesidades y a la tolerancia al riesgo. Un administrador de patrimonio recomendará el mejor plan de acción. Algunas de las oportunidades disponibles incluyen financiamiento de capital, fideicomisos de unidades y bonos.

Aquellos que no les importa el riesgo pueden invertir en oro, productos básicos y FOREX. Estas inversiones presentan un gran riesgo, pero pueden ofrecer importantes rendimientos a largo plazo para los inversores.

Asegúrese de que su familia está segura financieramente

El seguro juega un papel importante en la planificación financiera. Es esencial tener suficiente cobertura de seguro para asegurarse de que su familia esté financieramente segura contra emergencias. Dependiendo de las necesidades, es posible invertir en seguros médicos, seguros de vida y muchas otras opciones.

El objetivo no es solo encontrar una cobertura de seguro, sino buscar una cobertura suficiente. Con la administración correcta establecida, una persona puede estar al tanto del total de asegurados que es suficiente, dependiendo de la asequibilidad y los compromisos.

Asegúrese de que su riqueza se transmite sin problemas

La gestión de la riqueza, cuando se maneja de la manera correcta, puede aumentar su dinero y activos. Como resultado, es importante asegurarse de que los activos se asignen a las personas adecuadas si algo malo sale mal.

Destaque a los beneficiarios de su inversión para asegurarse de que las inversiones obtenidas con tanto esfuerzo vayan a sus seres queridos con las menores formalidades legales. Será un momento de dolor, y no estará bien enfrentarlos al desafío de organizar las finanzas.

Controle sus objetivos a corto plazo

Probablemente tenga objetivos a corto plazo, como comprar un automóvil, ahorrar para el pago inicial de una casa o incluso comprar muebles para el nuevo hogar. Para lograr estos objetivos, debe pensar en la financiación de acciones y los depósitos fijos, ya que ofrecen una alta liquidez y tienen un menor riesgo en función del corto plazo.

Un sistema equilibrado de gestión de la riqueza debe incluir objetivos a largo y corto plazo antes de generar un plan efectivo para cumplir con todos los objetivos basados en el potencial actual.

Es para todos

Esto significa que la administración del dinero juega un papel clave en el logro de sueños personales y financieros mediante la implementación de un enfoque diverso, que nos permite hacer planes para un mejor conjunto de oportunidades y riesgos.

Inversión automática

La inversión automática es cuando usted acepta que una cantidad fija de dinero se reduzca de su sueldo cada mes y se gaste en una asignación predeterminada. La contribución que se destina al plan de jubilación es un gran ejemplo. Si su empleador retira algo de efectivo de su sueldo cada mes e invierte en el 401K, entonces ha automatizado su inversión.

¿Cómo se puede automatizar la inversión?

Este es un proceso simple. Lo primero es decidir la cantidad de dinero que desea ahorrar y de qué cuenta. Lo siguiente es ponerse en contacto con su proveedor de inversiones y hacerles saber que desea crear una estrategia de inversión automática y cómo desea invertir el dinero.

¿Por qué la inversión automática es una gran idea?

1. Es difícil gastar el dinero

Cuando usted ingresa dinero automáticamente en su cuenta de inversión, eso significa que no puede sentirse tentado a gastarlo. Esto reducirá los gastos discrecionales y le permitirá cumplir sus objetivos financieros.

2. Menos argumentos

Una vez que se automatiza su inversión, es posible automatizar sus ahorros, y eso le ofrece un espacio mínimo para luchar por la cantidad que debe gastar y se guarda dinero para su futuro sin ningún tipo de trabajo. En otras palabras, no necesita convencer a su otro socio de la planificación de la jubilación.

3. No se necesita trabajo

Requiere la menor cantidad de esfuerzo para prepararlo. Una vez que todo esté bien, su éxito financiero se ocupará de todo. No perderá el tiempo llamando, preocupándose y moviéndose. El dinero se invertirá cuando se centre en otras cosas importantes.

4. Las probabilidades están a su favor

Muchas personas tienen sus ahorros e inversiones en sus planes de jubilación. Hay dos explicaciones principales para esto: primero, las sanciones impositivas hacen que sea difícil y costoso usar el dinero, en segundo lugar, el dinero aumentará rápidamente cada mes porque agregará cada mes.

Aunque puede usar su cuenta de no jubilación sin sufrir sanciones fiscales, muchas personas no tocan las cuentas automatizadas, las dejan crecer. Automatizar su inversión es muy simple y la recompensa es inmensa. Tiene beneficios adicionales de asegurar su futuro, reducir sus gastos actuales y reducir sus fricciones financieras en el hogar.

Construya una cartera de inversión inteligente

Muchos inversores quieren construir inversiones que generen crecimiento e ingresos necesarios para cumplir con los objetivos financieros. Para lograrlo, debe comprenderse a sí mismo como inversionista. Y la razón de esto es que una cartera que es buena para otra persona puede no funcionar para usted. A continuación, se detallan algunos de los factores que debe tener en cuenta al crear una cartera de inversiones inteligente:

- Sus metas
- Su edad
- El tiempo para sus diferentes objetivos

- Su actitud hacia el riesgo

También debe dominar las ideas relacionadas con la asignación de activos. Después de esto, puede comenzar a analizar sus selecciones de inversión y cómo los diferentes tipos de inversiones utilizan su dinero. Su capacidad para soportar el riesgo, la asignación de activos y la diversificación son los aspectos principales de su cartera.

Inversiones para diferentes tiempos

Algunas de las razones para definir los objetivos de inversión es ayudarlo a saber cuándo necesitará dinero para pagarlos. El método de inversión que elija debe ser diferente según el tiempo que invierta su dinero. Las metas pueden ser a corto plazo, largo plazo y mediano plazo.

Ahorre para algo grande usando metas

Si tiene un sueño que sabe que puede lograr, si solo tuviera los medios, entonces ahorrar es algo que debe considerar. Para ayudarlo a realizar su sueño, a continuación, hay consejos para ayudarlo a ahorrar parte de la ecuación.

Si solo considera las deudas por su verdadero valor e inversiones, podría sentir que no tiene el dinero para lograr las cosas que ama. Sin embargo, un plan de ahorro inteligente puede ayudarle a cumplir todos sus sueños. Además, comprenderá más sobre sus finanzas.

Estos consejos lo ayudarán a ahorrar entre 1000$ y 5000$:

1. Crear un presupuesto

Su sueño puede costar más o menos, y es por eso que necesita crear un presupuesto por adelantado. Esto le ayudará a delinear sus planes correctamente. Conéctese a Internet y mire los presupuestos existentes para proyectos, viajes y pasatiempos. Investigue un poco para tener una idea aproximada.

2. Determine su tasa de ahorro

Necesita saber cuánto puede recaudar en un día, semana o por período de pago. Este paso tiene dos secciones principales: controlar sus gastos y observar las áreas donde puede reducir. Si nunca ha monitoreado sus gastos antes, busque una guía. Controlar sus gastos siempre es una buena idea porque tendrá una idea aproximada de cuánto gasta. Si no tiene tiempo, puede aproximarse mirando sus facturas semanales, mensuales o anuales.

Una vez que desarrolle una gran idea de su flujo de efectivo, encuentre maneras de gastar menos. Ahorrar no significa que tenga que negarse todo, así que no debe comenzar siendo despiadado. Pero tómese el tiempo para pensar en formas en que pueda reducir sus gastos sin negarse a sí mismo la alegría de vivir. Incluso si está ahorrando 50$, eso se acumulará con el tiempo.

i) Un gran punto de partida son sus facturas fijas. Pregúntese qué cantidad de dinero desea gastar en Internet, seguro de automóvil, plan telefónico y cable. ¿Y cuánto puede ahorrar cuando negocia o busca un producto menos costoso? El trabajo que ponga en sus ahorros se amortizará después de un mes.

ii) Una vez que revise sus gastos fijos, cambie a sus gastos discrecionales. Las compras pequeñas pueden ser bastante caras. Si sabe a dónde va su dinero, entonces puede decidir si reducir el costo u optar por una opción más barata. Si le resulta difícil obtener un artículo perfecto, pregúntese por qué necesita ese producto. Tal vez el artículo no sea tan importante para usted, e incluso podría crear una opción casera.

iii) Si parece que reducir sus gastos no funciona rápido, puede pensar en aumentar sus ingresos. En este caso, busque formas de obtener ingresos adicionales. Puede considerar hacer algún trabajo independiente cada semana.

Determine el período en que terminará de ahorrar

Una vez que sepa cuánto necesita y qué tan rápido puede hacerlo, determinar cuándo terminará no debería ser difícil en absoluto.

Ahorros en piloto automático

Hasta este punto, ha logrado la parte difícil de construir un plan y tomar decisiones difíciles. Lo que realmente necesita es continuar con su vida normal de reducir sus costos y ganar más. El dinero aumentará lentamente. Se recomienda que pase tiempo cada semana para evaluar su progreso. Ahorrar puede incluir sacrificios si va a cambiar sus hábitos de vida. Tómese un tiempo para anotar las razones por las que está ahorrando y observe cómo se acerca a su objetivo.

Sea Flexible

Puede lograr apegarse al plan inicial. O podría encontrar desafíos inesperados. A veces, vale la pena cambiar su comportamiento. Si está gastando más en comida de lo esperado, entonces es razonable gastar menos en restaurantes.

Si está atrasado en una meta, o tiene que obtener algo de dinero para pagar una emergencia, no se asuste, es simple de ajustar. Si cree que puede necesitar más tiempo, puede actualizar su objetivo en consecuencia.

Celébrelo

Cuando logre sus metas, tómese el tiempo para apreciar su logro. Los ahorros requieren persistencia y sacrificio. Es por eso que usted debe estar orgulloso de lo que ha logrado.

Capítulo 4: Administrar sus finanzas personales sin estrés

La importancia de la gestión del dinero

¿Se encuentra con diferentes tarjetas de crédito, una hipoteca y un préstamo de auto?

Existen métodos para ayudarlo a hacer esto manejable. Lleva tiempo descubrir los entresijos y modificar su presupuesto para que pueda satisfacer sus necesidades:

1. Sabe hacia dónde va su dinero

Una vez que presupuesta su dinero y decide apegarse al presupuesto, podrá monitorear a dónde va su dinero al final de cada mes. Este es un gran beneficio, ya que le permitirá ver cómo gasta su dinero y ahorrar más. Puede realizar un seguimiento de sus gastos durante varios meses y luego equilibrar el presupuesto para asignar una gran cantidad de dinero a los ahorros, o incluso a la jubilación.

Si maneja bien su dinero, logrará realizar pagos anticipados y evitará superar el límite de la tarjeta de crédito.

Cuando cumpla con su presupuesto, estos métodos lo ayudarán a ahorrar dinero.

Esto le impide gastar mucho dinero.

2. Un mejor plan de jubilación

Cuando ahorre ahora y administre su dinero de la manera correcta, le beneficiará a largo plazo. Primero, lo obligará a mirar hacia el futuro y sus planes de jubilación.

Cuando implemente sus habilidades de administración de dinero, estará construyendo un plan de jubilación sólido. El dinero que ahorre e invierta crecerá con el tiempo.

3. Le permite concentrarse en sus metas

Evitará gastos innecesarios que no respalden el logro de objetivos financieros. Si se trata de recursos limitados, el presupuesto hace que sea complejo cumplir con sus fines.

4. Organice sus gastos y ahorros

Cuando divide sus ingresos en diferentes tipos de gastos y ahorros, un presupuesto le permitirá mantenerse al tanto del tipo de gasto que drena la porción de su dinero. De esta manera, es fácil para usted hacer los ajustes necesarios. La buena administración del dinero actúa como una referencia para organizar recibos, facturas y estados financieros. Una vez que organice todas sus transacciones financieras, ahorrará esfuerzo y tiempo.

5. Puede hablar con su pareja sobre el dinero

Si comparte sus ingresos con su cónyuge, entonces un presupuesto puede ser la mejor herramienta para mostrar cómo se gasta el dinero. Esto aumenta el trabajo en equipo para trabajar en un objetivo financiero común y evita discusiones sobre la forma en que se usa el dinero. Crear un presupuesto junto con su cónyuge lo ayudará a evitar conflictos y eliminar conflictos personales sobre la forma en que se gasta el dinero.

6. Determine si puede endeudarse y cuánto

Hacerse cargo de una deuda no es algo malo, pero es importante, especialmente si no puede pagarlo. Un presupuesto indicará la cantidad de deuda que puede asumir sin estresarse.

7. Le permite generar dinero adicional

Cuando realiza un presupuesto, tiene la oportunidad de seleccionar y eliminar los gastos innecesarios, como multas, recargos e intereses. Estos pequeños ahorros pueden aumentar con el tiempo.

Un presupuesto se refiere a un plan que toma en cuenta su flujo de efectivo mensual y su salida. Esta es una imagen de lo que posee y de lo que espera gastar, y le permitirá alcanzar sus metas financieras al ayudarlo a resaltar sus ahorros y gastos.

Crear un presupuesto es el aspecto más crucial de la planificación financiera. La cantidad de dinero que tiene no indica cuánto dinero gana, sino que es la eficacia de su presupuesto. Si desea cuidar sus finanzas, entonces tendrá que entender hacia dónde fluye su dinero. Contrariamente a la creencia popular de que presupuestar es difícil, no lo es, y no elimina la diversión de su vida. Un presupuesto lo salvará de una crisis financiera inesperada y una vida de deudas.

Muchas personas tienen la esperanza de hacerse ricos, pero no tienen idea de cómo acumular riqueza o por dónde comenzar. Usted puede comenzar por aprender a crear un presupuesto. Un presupuesto es importante porque lo ayudará a comenzar a acumular riqueza y lograr sus objetivos. A continuación, se detallan algunos pasos para presupuestar:

1. Controle sus gastos e ingresos

Lo primero para construir un presupuesto es determinar la cantidad de dinero que tiene y en qué lo está gastando. Al controlar sus gastos, logrará clasificar cómo gasta su dinero. Planear cómo gastar su dinero es crítico porque puede mostrar cuánto quiere gastar en cada categoría. Puede controlar sus ingresos y gastos creando un diario, hoja de cálculo o libro de caja. Cada vez que gana dinero, puede controlarlo como ingreso, y cada vez que gasta dinero, puede rastrearlo como un gasto.

Si usa una tarjeta de débito, intente rastrear tres meses de sus gastos para obtener una imagen completa de sus gastos.

2. Evalúe sus ingresos

La siguiente etapa es evaluar sus ingresos. Puede hacerlo calculando la cantidad de ingresos que obtiene a través de regalos, becas, etc.

3. Determine sus gastos

Una vez que sepa su ingreso mensual, lo siguiente es determinar el total de sus gastos. Primero, debe definir cuáles son sus gastos fijos y variables. Los gastos fijos, las ventas y las facturas tienen el mismo precio todos los meses. Los gastos fijos incluyen pagos de automóviles, internet y alquiler. Los gastos variables se refieren a los costos que cambian, como servicios públicos y comestibles.

Asegúrese de incluir los pagos de la deuda en su presupuesto. Averigüe la cantidad que puede contribuir a sus deudas para asegurarse de que está en el camino correcto hacia la estabilidad financiera. Manejar las deudas y los ahorros van de la mano.

4. No se olvide de los ahorros

Es bastante fácil olvidar ahorrar dinero. Tenga en cuenta que siempre se paga primero. Pruébelo usando el 10-20% de sus ahorros en ingresos.

Dado que los ahorros aumentan, puede optar por incluir el dinero que no gastó en el presupuesto para ahorrar.

Construyendo una estrategia de ahorro

Muchas personas saben cómo administrar el poco dinero que reciben cuando termina el mes, pero les resulta difícil ahorrar cuando tienen un presupuesto ajustado. Si observa los artículos de finanzas en línea, verá diferentes tipos de métodos de ahorro, desde la congelación de todos los gastos hasta la preparación de su propio almuerzo durante un mes. Pero, ¿cómo puede determinar cuáles funcionan? En esta sección, aprenderá estrategias fáciles para ahorrar dinero que puede implementar y cómo puede hacer que funcionen para usted:

1. Comer menos fuera

Es un hecho que comer fuera es caro. Incluso una taza de café todos los días suma. La taza de café puede costarle 2$, pero si lo calcula en un año, eso es más de 700$. En otras palabras, si continúa comiendo fuera todos los días, estará gastando mucho.

Cómo funciona

En una encuesta de Claris, se descubrió que el 43% de los encuestados aceptó un recorte en comer fuera, y el 33% informó que ahorra dinero. Tres de cada cuatro personas que intentaron este método en particular informaron resultados positivos. Aunque esto no es tan efectivo como usar un presupuesto, sí supone algo.

¿Cómo puede implementarlo?

Si sale a comer todos los días porque no sabe cómo preparar una buena comida, es hora de que cambie ese hábito. Y no se preocupe porque aprender a cocinar es bastante fácil. Hoy en día, puede recurrir a YouTube y otros canales de alimentos en línea para aprender cómo preparar diferentes tipos de alimentos. Busque sus recetas favoritas y comience a seguir cada paso de la preparación.

Recuerde: cocinar alimentos en casa no significa que tenga que empezar todo desde cero. Puede elegir comprar caldo de pollo en un frasco. Incluso si va a comprar la mayoría de estos ingredientes, una comida preparada en casa será barata.

Incluso cuando tiene listos los ingredientes anteriores, una comida preparada en casa es más barata que una de un restaurante.

2. Guarde cambio suelto

Tenga un frasco de cambio suelto. Cada vez que vaya de compras y reciba monedas como cambio, coloque las monedas en el frasco.

3. Manténgase fuera de deudas

Estar libre de deudas lo ayudará a ahorrar efectivo, si puede pagar todas sus deudas, tendrá la oportunidad de organizar su deuda.

Cómo funciona

Las estadísticas sobre la eliminación de la deuda pueden ser impactantes. Por ejemplo, la encuesta de Claris mostró que solo el 22% de las personas intentó esta estrategia, y el 26% informó que les funcionó. En otras palabras, esta estrategia puede ayudarle a ahorrar dinero.

Mantenerse sin deudas puede ahorrarle una buena suma de efectivo, pero a muchas personas les resulta difícil pagar sus deudas.

4. Sea minimalista

Adoptar un enfoque minimalista es un tipo de simplicidad voluntaria. Requiere que una persona reduzca los costos para que se concentre en lo que es importante. La vida de un minimalista generalmente significa ser dueño de una casa más pequeña, menos "juguetes" y menos ropa. Pero también implica un trabajo mínimo y más tiempo para hacer las cosas que le gustan.

¿Cómo sucede?

Esta es una excelente estrategia de ahorro que funciona incluso para aquellos que no quieren usarla. Un enfoque minimalista puede ser el efecto de otros métodos para ahorrar. En la mayoría de los casos, muchas personas escalaron su vida para atenerse a su presupuesto. Luego, con el tiempo, descubrieron que su estilo de vida sencillo les ayudó a ahorrar más.

¿Cómo puede hacerlo?

Hay varios conceptos erróneos sobre el minimalismo. Hay un blog sobre chistes de minimalismo en que los minimalistas viven en apartamentos pequeños y no tienen trabajos, automóviles, televisores ni más de 100 objetos.

El propósito del minimalismo es liberarse de los problemas de la vida que no son importantes. No se centra en el sacrificio, simplemente implica eliminar cosas que no quiere tener en su vida o crear espacio para cosas que le interesan. Como resultado, vivir con menos artículos puede hacerlo sentir satisfecho.

Lo mejor de vivir un estilo de vida simple es que no hay una forma correcta o incorrecta de hacerlo. Esto significa que puede convertirse en un minimalista si se queda en una cabaña fuera del sistema y hace su propia comida. O puede quedarse en un loft urbano y caminar todos los días mientras se dirige al trabajo. La filosofía del minimalismo requiere que se concentre menos en las cosas que tiene y más en lo que hace con su vida.

Si no está seguro de poder lidiar con este tipo de vida, puede comenzar poco a poco e identificar lentamente algunas cosas en su vida que no quiere. Por ejemplo, si su guardarropa está lleno de muchas cosas, tal vez deseche o done algo de ropa. O si pasa mucho tiempo en línea, planee reducir su tiempo en la pantalla.

Independientemente de lo que decida hacer, asegúrese de no simplificar su vida al rendirse a las cosas que valora o atesora, en su lugar, elija las cosas que requieran la mayor cantidad de trabajo por la menor recompensa.

Si está buscando métodos que lo ayuden a ahorrar mucho dinero, estos métodos son los mejores para comenzar. Como ha funcionado para otras personas, existe una gran posibilidad de que también funcionen con usted. Sin embargo, asegúrese de no apresurarse y probar todos los métodos a la vez, solo seleccione las estrategias que crea que pueden funcionar con usted.

Por ejemplo, si le gusta salir a comer, ya que lo hace feliz, eliminar esta opción puede no funcionar con usted. Quizás se decepcionará y se rendirá en unas pocas semanas. Entonces, en lugar de reducir la posibilidad de comer fuera, puede decidir buscar algo diferente que reducir.

En general, el propósito es evitar la deuda. Si su objetivo principal en la vida es ser dueño de una casa, no se rinda y trate de evitar una deuda hipotecaria. Puede buscar una casa por la que fácilmente podrá pagar, incluso si eso significa pasar dos años más para pagarla.

Si no está seguro del estilo de ahorro con el que poder probar, crear un presupuesto es quizás el mejor enfoque. Lo mejor de los presupuestos es que no los ajusta para adaptarse a sus objetivos, sin embargo, puede decidir gastar menos en su automóvil para obtener una casa mejor.

Invertir su dinero

Invertir su dinero le da la oportunidad de aumentar su dinero e incluso de ganar más de lo que tiene. Sin embargo, no todos los que deciden invertir su dinero obtienen ganancias, algunos han perdido toneladas de dinero en el proceso. Hay una forma diferente de invertir su dinero, y esta sección le presentará algunas de las estrategias de inversión más comunes:

Inversión en acciones

Si desea convertirse en un inversor en acciones, debe tener una estrategia probada para invertir en el mercado de valores. Se dará cuenta de que el éxito a largo plazo comienza con el aprendizaje de cómo mantener las probabilidades a su favor y controlar los posibles riesgos.

Comprenda que, para los inversores principiantes y los inversores experimentados del mercado de valores, es imposible comprar y vender las mejores acciones en el momento adecuado. Sin embargo, también aprenda que no necesita estar en lo correcto para generar dinero. Simplemente necesita comprender las reglas básicas sobre cómo seleccionar las mejores acciones que ver y el momento adecuado para comprar las mejores acciones.

Los expertos en el mercado de valores le dirán que es difícil cronometrar el mercado, aunque no es realista suponer que llegará al fondo y a la parte más alta de un ciclo de mercado. Existen diferentes métodos para identificar cambios importantes que ocurren en las tendencias del mercado a medida que surgen. Cuando reconoce algunos de estos cambios, puede prepararse para obtener ganancias sustanciales en un nuevo mercado.

Los nuevos inversionistas en el mercado de valores tienden a centrarse en el tipo de acciones a comprar e ignoran las cuestiones más pertinentes de cuándo vender. Esto es un gran error. Sin un conjunto de reglas excelentes, puede devolver todas las ganancias obtenidas con tanto esfuerzo.

Por lo general, hay dos reglas principales que debe cumplir: las reglas ofensivas de bloquear sus ganancias y las reglas defensivas de reducir las pérdidas.

Invertir en línea

La inversión en línea puede ser un método rápido y conveniente que es más asequible que otros métodos. Pero antes de que pueda manejar su inversión en línea, necesita hacerse varias preguntas:

¿Qué tipo de inversor es usted?

La inversión en línea está diseñada para todos. Al elegir esta opción, tiene la responsabilidad de investigar todas las inversiones y tomar todas las decisiones de inversión con respecto a su cuenta en línea. Si no se siente bien como ese tipo de inversionista, podría sentirse cómodo trabajando con un asesor financiero. Si desea administrar su cartera de inversiones y se siente seguro de tener el conocimiento suficiente, puede optar por invertir en línea.

¿Qué tipo de cuenta desea abrir?

Hay varios tipos de cuentas en línea para seleccionar, incluidas cuentas conjuntas e individuales. El tipo de cuenta que seleccione dependerá del tipo de objetivos que haya establecido y cómo desea invertir.

¿En qué compañía y tipo de seguridad está interesado?

Para los inversores auto-dirigidos, es importante hacer bien los deberes porque se les pagará por ello. Existe cierto nivel de riesgo relacionado con todos los tipos de inversiones, por lo que es posible que desee realizar algunas investigaciones para tomar la decisión de inversión correcta.

Algunos consejos antes de invertir:

1. Cualquiera puede invertir en el mercado de valores, pero primero es importante ahorrar dinero para la jubilación y las emergencias.

2. Muchas personas verán ganancias significativas al invertir en el extranjero en lugar de intentar jugar en el mercado de valores día a día.

3. Si no quiere comerciar con acciones individuales, comience con poco y haga su investigación. No solo siga los consejos de inversores famosos.

Inversión inmobiliaria

Si desea aprender otro método para generar riqueza, entonces deberá considerar la inversión en bienes raíces. Esto puede parecer una excelente idea, especialmente si viene de un lugar donde el mercado inmobiliario está en auge. Sin embargo, debe estar preparado para el compromiso.

Las propiedades inmobiliarias exigen que dedique su tiempo, y es por eso que necesita entenderlo antes de comenzar. Es malo invertir en algo de lo que usted no tiene mucho conocimiento.

Si la inversión en bienes raíces es una gran idea o no, todo depende de usted y de sus capacidades financieras. Además, sus objetivos también determinarán si necesita invertir en bienes raíces. No todas las inversiones son para todos, pero puede ser una herramienta importante para aumentar la riqueza cuando se realiza de la manera correcta.

Tipos de inversión inmobiliaria

Si pensó que la inversión en bienes raíces está ligada solo al alquiler y la propiedad, entonces debe volver a pensar. Existen básicamente diferentes métodos de inversión en bienes raíces, y algunos de esos métodos no requieren inquilinos.

Propiedad de una casa

Puede comprar una casa para invertir. Sin embargo, existe una ligera diferencia entre ser propietario de una casa e invertir en propiedades inmobiliarias. Cuando invierte en una casa, no ganará dinero activamente ni aumentará su flujo de efectivo mensual de la propiedad.

La verdad es que pagar por su casa es una de las inversiones a largo plazo más importantes que puede hacer.

Invertir en Fundrise

Muchas personas quieren invertir en bienes raíces, pero no quieren encargarse de los inquilinos, las reparaciones o incluso administrar los pagos. Afortunadamente, puede colocar su dinero en inversiones de bienes raíces sin preocuparse por hacer toda la administración.

Fundrise es una plataforma de inversión en línea que le dará la oportunidad de invertir su efectivo en inversiones inmobiliarias. Está controlado por profesionales de Fundrise, mientras que su función es ver cómo crece su dinero.

¿Por qué elegir Fundrise? Es fácil, y tienen un historial de excelentes rendimientos. Como pueden garantizar ganancias, son una empresa de buena reputación en la que invertir.

Otra razón por la cual a la mayoría de las personas les gusta invertir en Fundrise es que es fácil comenzar a usarlo. Además, lo ayudarán a determinar el tipo de inversiones que son mejores para usted.

Dependiendo de su respuesta, ellos sugerirán:

- Crecimiento a largo plazo

- Ingreso suplementario

- Inversión equilibrada

Con un mínimo de 500$, puede invertir en Fundrise, o con un mínimo de 1000$, puede comenzar a invertir en eReit de ingresos de Fundrise. Tienen las tarifas más bajas para la inversión a través de su sitio, pero los rendimientos son bastante razonables.

Comprar casas de alquiler para generar ingresos

Este es otro método que puede utilizar para generar riqueza a largo plazo. Las mismas razones por las que necesita ser dueño de una casa deberían llevarlo a comprar una propiedad. Sin embargo, la inversión en bienes raíces le brinda la ventaja adicional de los ingresos.

Por lo menos, el alquiler que obtiene de las propiedades de inversión tiene que cubrir los costos de ser propietario. Cuando la renta es superior a sus costos, la propiedad generará un flujo de caja positivo.

Si genera un flujo de caja positivo, entonces los ingresos pueden llegar a usted como libres de impuestos. La razón es que puede tomar los gastos de depreciación de la casa. Debido a que es una propiedad de inversión, tiene permiso para "gastar" las mejoras después de un tiempo.

Algunas cosas que debe saber sobre las propiedades de alquiler incluyen:

- Requieren un pago inicial grande, aproximadamente un 20% más del precio de compra.

- Hay aspectos vacantes.

- Reparaciones y mantenimiento.

- Obtener una hipoteca sobre una propiedad de inversión en lugar de la propiedad ocupada por el propietario es difícil.

Cada uno de los factores anteriores se puede resolver, pero debe saber que ser propietario de una propiedad no es tan fácil. Si desea un historial de riesgo más bajo, las propiedades de alquiler pueden no ser la mejor opción de inversión para usted.

Invertir en bienes raíces comerciales

Esta es otra variación de la propiedad de alquiler que implica invertir en propiedades de venta minorista y oficinas. Asume un patrón similar: usted compra una propiedad y luego la alquila a los inquilinos, quienes pagarán su hipoteca y, con suerte, harán algunas devoluciones.

La inversión en bienes raíces comerciales es generalmente complicada y costosa en comparación con la inversión en propiedades de alquiler en la sección residencial.

Pero, ¿por qué debería invertir en bienes raíces a nivel comercial?

El concepto de riesgo versus recompensa muestra que los bienes raíces comerciales son una inversión lucrativa debido a las enormes ganancias que se pueden obtener de él.

Por otro lado, los bienes raíces comerciales generalmente requieren arrendamientos a largo plazo. Debido a que la propiedad se alquilará como un negocio, pueden requerir un contrato de arrendamiento por varios años. Esto apoyará la continuidad del negocio.

La apreciación de una propiedad también puede ser mayor que la de una propiedad residencial. Esto es prominente cuando la propiedad genera un gran retorno. Y es probable que sea el caso de la propiedad comercial porque el inquilino pagará el mantenimiento del edificio.

Los contratos de arrendamiento pueden diseñarse para ofrecer al propietario un porcentaje determinado de ganancias para el negocio.

El inconveniente de las propiedades comerciales es que a menudo están sujetas al ciclo económico. En tiempos de recesión, los ingresos del negocio pueden disminuir, y el inquilino puede tener un gran problema en el pago de la renta.

Invertir en bienes raíces comerciales debe ser para inversionistas experimentados que tienen un gran riesgo de tolerancia.

¿Cómo puede detallar sus objetivos financieros?

A continuación, se detallan los pasos a seguir para establecer sus objetivos financieros:

1. Identifique lo que es importante para usted. Ponga todo sobre la mesa e inspeccione.

2. Filtre todo lo que está al alcance, lo que requerirá más tiempo y lo que debería formar parte de un plan a largo plazo.

3. Use el método de meta INTELIGENTE.

4. Desarrolle un presupuesto realista. Obtenga una imagen clara del flujo de su dinero y luego trabaje para concentrarse en ese objetivo específico.

5. Monitoree su progreso.

Ejemplos de objetivos financieros:

1. Cree un presupuesto y manténgalo

Algunas personas son tímidas con el proceso de presupuesto. Aunque se enriquece concentrándose en activos e ingresos, los expertos dicen que un presupuesto es útil si desea controlar cuánto gasta.

2. Pague la deuda de su tarjeta de crédito

Al establecer sus objetivos financieros, este debe estar entre sus objetivos. Los cargos por intereses en su tarjeta de crédito consumen gran parte de su flujo de efectivo que podría usarse en otro lugar. Una vez que haya cancelado todas las deudas de su tarjeta de crédito, debe ser lo suficientemente consciente como para no utilizar tanto la tarjeta de crédito.

3. Prepare una cuenta de emergencia

4. Ahorre para su plan de jubilación

La gratificación retrasada es una característica rara de muchos estadounidenses. Sin embargo, necesitamos tener un plan de jubilación donde ahorramos para el futuro.

5. Viva de acuerdo a sus medios

Si gasta más de lo que gana, tendrá que pagar muchas deudas. Si gasta menos que sus ingresos, tiene ahorros.

6. Cultive habilidades para aumentar sus ingresos

Realmente no significa volver a la universidad. Simplemente podría significar obtener capacitación adicional en su trabajo actual. También podría implicar buscar un mentor que pueda ofrecer consejos y comentarios. También puede implicar asistir a talleres y conferencias, o incluso a la creación de redes en su trabajo.

7. Tener un pago inicial para su casa

Para la mayoría de las personas, invertir en una casa es una gran inversión. Cuanto mayor sea el pago inicial, más flexibilidad y libertad se otorgarán durante todo el período del préstamo.

8. Incremente su calificación de crédito

Para que pueda obtener esa casa o cualquier otra compra que necesite un préstamo, debe calificar para una tasa de interés mucho más baja. En otras palabras, una calificación de crédito alto le ahorra mucho dinero para ser elegible para tasas de interés más bajas.

El punto principal es que todos pueden hacer más de lo que creen que pueden hacer, y necesitamos planificar nuestro futuro financiero.

Alcanzar sus metas financieras

La forma correcta de alcanzar sus metas es generar un plan que priorice sus metas.

Cuando revise sus metas, se dará cuenta de que algunas son estrechas, mientras que otras son amplias. Puede clasificar sus metas en:

1. Metas financieras a corto plazo, que requieren menos de un año para alcanzarse. Un ejemplo es comprar un refrigerador nuevo.

2. Los objetivos a medio plazo se pueden alcanzar al instante, pero no deberían tardar muchos años en alcanzarse. Los ejemplos incluyen completar un título y comprar un automóvil.

3. Los objetivos a largo plazo pueden tardar muchos años en alcanzarse. Los ejemplos incluyen comprar una casa y ahorrar para la educación universitaria de un niño.

El proceso de establecer objetivos requiere tomar una decisión sobre el tipo de objetivos que desea alcanzar y aproximar la cantidad de dinero necesaria y otros recursos necesarios.

Crear una tabla de objetivos

Crear un cuadro de objetivos financieros es la mejor manera de comenzar su proceso de inversión. A continuación, hay cinco pasos que pueden ser útiles para ayudarlo a construir su tabla de objetivos:

1. Tome nota de su objetivo financiero. Tiene que ser medible, específico, realista y contener una línea de tiempo.

2. Determine si ha establecido una meta a corto, medio o largo plazo. Esto puede cambiar dependiendo de su condición.

3. Determine la cantidad de dinero que necesita para lograr su objetivo.

4. Haga una lluvia de ideas sobre los métodos que puede usar para alcanzar su objetivo mientras reduce sus gastos.

5. Seleccione las mejores formas de cumplir sus objetivos y anótelas.

Conclusión

Su calificación de crédito afectará su posible compra de artículos importantes, como un automóvil o una casa. Como resultado, es importante tener una calificación de crédito saludable que le brinde la libertad de disfrutar la vida. Si tiene una calificación de crédito mala y desea convertirla en una buena calificación, primero debe saber con qué está trabajando. Busque una copia de su informe de crédito a través de diferentes fuentes gratuitas. Una vez que tenga la copia, busque errores y saldos de cuentas abiertas.

Cuando tiene una buena calificación de crédito, tiende a tener tranquilidad y puede comenzar a ahorrar para el futuro. Ahorrar para su futuro es fundamental, y es por eso que debe comenzar a "pensar ajustado", lo que le mostrará oportunidades para volverse creativo y reducir sus gastos.

Tenga en cuenta que, al ahorrar hoy, se preparará para un gran futuro cuando envejezca. Ahora que ha llegado al final del libro, no se detenga, comience a poner en práctica todo lo que ha aprendido. Crear un presupuesto, establecer sus metas financieras y eliminar cosas que consuman sus gastos es la forma segura de alcanzar los objetivos de este libro.